Über den Autor:

Dr. Volker Kitz hatte schon als Kind immer Recht. Später studierte er Jura und Psychologie in Köln und New York, wurde Rechtsanwalt und forschte unter anderem am Max-Planck-Institut. Seine Fachpublikationen lasen aber nur Leute, die ohnehin schon alles wussten. Deshalb begann er, nützliche Erkenntnisse allgemeinverständlich zu erklären – und landet damit einen Bestseller nach dem anderen. Er schrieb für *Spiegel Online* ebenso wie für die *Frankfurter Allgemeine Zeitung,* seine Bücher erscheinen in über zehn Sprachen. Auch mit seinen unterhaltsamen Bühnenshows begeistert er seit Jahren Publikum und Medien.

Mehr Informationen unter:
www.volkerkitz.com

Volker Kitz

Stimmt's
oder hab ich Recht?

Welche Gesetze Sie unbedingt kennen müssen,
um nicht für dumm verkauft zu werden

§

Besuchen Sie uns im Internet:
www.knaur.de

Originalausgabe Januar 2015
Knaur Taschenbuch
Copyright © 2015 Dr. Volker Kitz
Copyright © 2015 Knaur Taschenbuch
Ein Unternehmen der Droemerschen Verlagsanstalt
Th. Knaur Nachf. GmbH & Co. KG, München.
Umschlaggestaltung: ZERO Werbeagentur, München
Umschlagabbildung: FinePic®, München
Illustrationen von Gisela Rüger, München
Satz: Daniela Schulz, Puchheim
Druck und Bindung: CPI books GmbH, Leck
ISBN 978-3-426-78722-9

2 4 5 3 1

Meinem Vater,
der als Jurist schon früh mein Interesse für
Recht und Gerechtigkeit geweckt hat

Inhalt §

»Nerven die nur oder haben die Recht?«

Das fragen Sie sich bestimmt auch manchmal, wenn sich Ihr Vermieter, Ihre Chefin oder der Onlineshop querstellen. Vielleicht kommen Ihnen auch die folgenden Beispiele bekannt vor: Der Gang zur Behörde (»Sprechzeiten: 8 bis 8.15 Uhr, außer freitags«), Ihre Kinder (»Das hab ich ganz allein im Internet bestellt!«) oder Ihr(e) Ex (»Du schuldest mir noch Geld.«). Alle machen es Ihnen schwer, und am Ende geben Sie womöglich nach. Doch wie oft waren Sie schon im Recht und wussten es nur nicht? Denn anders, als es sollte, behandelt das Gesetz nicht alle gleich:

Es hilft denen, die es kennen.

Vielleicht haben Sie Bücher über die verrücktesten US-Gesetze, die lustigsten Entscheidungen oder die krassesten Justizfehler gelesen und wussten hinterher immer noch nicht, ob Sie nun wegen Ihrer defekten Dusche die Miete mindern können. Sicher haben Sie schon Kurioses über die Rechtslage bei der Vermischung von Bienenschwärmen gehört und über die Beischlafpflicht in der Ehe. Doch immer mehr Menschen haben gar keinen Bienenschwarm und wollen auch den ehelichen Beischlaf nicht einklagen – sie sind froh, wenn sie nachts ihre Ruhe haben.

In jedem Bekanntenkreis wimmelt es von rechtlichen Theorien, und dort steht Aussage gegen Aussage. Ich staune oft, in welchem Brustton der Überzeugung mir Hobbyjuristen auf Partys die Rechtslage erklären. Als Anwalt sage ich dann manchmal: »Ich bin bei falschen Rechtsauskünften

§

bis zu einer Viertelmillion Euro haftpflichtversichert – und du?«

Auch in den Medien fühlen sich viele Laien dazu berufen, uns die Rechtslage (falsch) zu erklären. Dass der Autor eines Texts keine Ahnung von rechtlichen Themen hat, erkennen Sie leicht: am fehlenden Leerzeichen nach dem Paragrafenzeichen und am Komma vor dem Absatz: »§433, Absatz 1 BGB« schreiben nur Laien. Wer sich mit dem Gesetz auskennt, zitiert es immer so: »§ 433 Absatz 1 BGB«. Auch wenn jemand von einer »rechtlichen Grauzone« spricht, können Sie sich die Mühe sparen, weiterzulesen. Es gibt keine rechtlichen Grauzonen – oder haben Sie schon einmal gehört, dass ein Gericht gesagt hat: »Dieser Fall lässt sich nicht entscheiden.«?

In diesem Buch habe ich nicht die skurrilsten Rechtsfragen für Sie zusammengestellt und beantwortet – sondern die wichtigsten. Denn das Gesetz ist für alle da. Es ist auch nicht (immer) so schwer zu verstehen, wenn man nur weiß, wo man es aufschlagen soll.

Deshalb enthält jedes Kapitel die einschlägigen Vorschriften im Wortlaut. Streiten Sie sich nämlich tatsächlich einmal mit jemandem, macht es keinen großen Eindruck, wenn Sie nur »irgendwo mal gelesen haben, dass …«. Erst wenn Sie den zugehörigen Paragrafen nennen, zeigen Sie, dass Sie sich wirklich auskennen und sich nichts vormachen lassen. Begegnen Sie den Paragrafen also wohlwollend, selbst wenn Ihnen diese Zusatzinformationen momentan nicht unbedingt nötig scheinen: Im Ernstfall sind es Ihre wahren Verbündeten. Und Sie werden sehen: Der Gesetzgeber kocht auch nur mit Worten.

Ein Buch kann die allgemeinen Regeln darstellen, aber das

Leben hat viele Zwischentöne. Jede Regel hat Ausnahmen: Oft können Sie von anderen etwas doch nicht verlangen, wenn es unangemessen wäre – oder brauchen selbst eine Pflicht nicht zu erfüllen, weil sie unzumutbar ist. Geht es um viel, sollten Sie immer individuellen Rechtsrat beim Anwalt suchen. Aber dieses Buch vermittelt Ihnen ein Gespür dafür, wann Sie überhaupt im Recht sein *könnten*. Und es kostet weniger als ein Zweiundzwanzigstel dessen, was ein erstes Beratungsgespräch beim Anwalt kosten kann: bis zu 226,10 Euro.

Das Buch spiegelt die Gesetzeslage Ende 2014 wider, doch die Welt ändert sich dauernd. Sollten Sie Anmerkungen oder Änderungsvorschläge haben, freue ich mich über eine Nachricht.

Und nun legen Sie los. Lernen Sie Ihre Rechte kennen.

Lassen Sie sich nicht für dumm verkaufen!

Ihr
Volker Kitz

Nageln Sie andere fest, aber nicht sich selbst

Der Vertrag

Sie ziehen aus Ihrer alten Wohnung aus und können Ihre lycheecreme-farbene Einbauküche, die Sie vor ein paar Jahren mal so schön fanden, nicht in die neue Wohnung mitnehmen. Auch Ihre bisherige Vermieterin will Ihren maroden Krempel nicht haben. Deshalb haben Sie das im Design funktional gehaltene Gebrauchsmöbel für 250 Euro inseriert.
Letzte Woche war ein reizendes Pärchen da.
»Du, Schatz, die Naturpastellfarben passen voll gut zu uns«, hatte sie zu ihm gesagt.
Und beide meinten: »Die nehmen wir!«
Mündlich hatten Sie vereinbart, dass das reizende Pärchen heute um 16 Uhr kommen sollte, um die Naturpastellfarben abzuholen und Ihnen die 250 Euro zu geben.
Nun ist es 16.05 Uhr. Da miaut Ihr Handy, und das Pärchen meldet sich per SMS: »Ey sorry, wir wollen in Zukunft gar nicht mehr sooo viel essen und brauchen die Küche doch nicht. Du hast ja bestimmt noch voll viele anderen Interessenten, für 250 Euro! *g*
SMS 2: Trotzdem danke noch mal, dein Angebot war echt lieb! lg, die meike (von der besichtigung kürzlich) xxx (und der ralf auch!)«

Dürfen Sie mit Meike und Ralf das tun, worauf Sie jetzt spontan Lust haben?

Wie wäre es im Gegenzug, wenn Ihnen auf Ihr Inserat zwei Leute per E-Mail geantwortet hätten: »Wir nehmen die Küche« – und nun beide von Ihnen die Küche verlangen würden?

Ob Sie mit Meike und Ralf das tun dürfen, worauf Sie Lust haben, kommt darauf an, worauf *genau* Sie Lust haben.

Damit sind wir gleich bei zwei wichtigen Punkten, wenn wir über rechtliche Fragen sprechen: Zum einen bei dem Satz: »Das kommt darauf an.« Den sagen Juristen immer zuerst. Denn auf irgendetwas kommt es immer an. Was oben im Kasten steht, ist der Sachverhalt. Das ist das, was passiert ist. Daraus leiten Juristen unter Einsatz ihres exklusiven, beträchtlichen Wissens und Könnens die Rechtslage ab. Und kleine Unterschiede beim Sachverhalt können große Unterschiede für die Rechtslage bedeuten. Viele Fälle in diesem Buch haben daher Abwandlungen – damit können Sie genau nachvollziehen, was sich rechtlich für Sie ändert, wenn sich bestimmte Umstände ändern.

Zum anderen ist es gut, wenn Sie sich bei Konflikten immer erst einmal überlegen, was konkret Sie wollen und von wem – im wahren Leben. Oft kommen Menschen zum befreundeten Jurastudenten und sagen: »Da kann man doch rechtlich was machen, oder?« Und oft *kann* man etwas machen, aber nicht immer das, was der Fragende will oder braucht.

Im Zivilrecht – und darum geht es gerade – denken Juristen in »Ansprüchen«. Das ist laut Gesetz das »Recht, von einem anderen ein Tun oder Unterlassen zu verlangen«. Nur wenn Sie wissen, welches Tun oder Unterlassen Sie von wem verlangen *möchten,* können Sie klären, ob es dafür eine »Anspruchsgrundlage« gibt, Sie es also auch verlangen *können.*

Jeder Zivilrechtsfall lässt sich daher mit der Frage auf den Punkt bringen: Wer will was von wem woraus?

Hier wollen Sie etwas von Meike und Ralf, so viel steht fest. Am liebsten würden Sie den beiden eins auf die pastellfarbene Strickmütze geben. Rechtlich wäre das ein Anspruch darauf, eine körperliche Züchtigung zu dulden. Bleibt die Frage: Woraus – auf welcher rechtlichen Grundlage? Der Zeitgeist wollte es so, dass Sie im Gesetz heute noch nicht einmal mehr gegenüber Ihrem Ehepartner oder Ihrem Kind einen Anspruch auf wirksame körperliche Züchtigung finden. Und Meike und Ralf müssen erst recht nicht dulden, von Ihnen körperlich gezüchtigt zu werden.

Schauen wir also, was Sie am zweitliebsten wollen – wie wäre es hiermit: Dass Meike und ihr devoter Ralf s-o-f-o-r-t herkommen, die hässliche Küche einpacken und Ihnen die 250 Mäuse auf die Kralle legen. Das sind zwei Ansprüche: einer auf Abnahme der Küche und einer auf Zahlung des Kaufpreises.

Beide Ansprüche haben Sie tatsächlich – wenn Sie mit Meike und Ralf einen gültigen Kaufvertrag geschlossen haben.

Ein Vertrag kommt zustande, sobald sich zwei oder mehr Personen darüber einig sind, dass sie untereinander bestimmte Rechte und Pflichten haben wollen – Sie wissen nun schon, dass das gegenseitige Ansprüche sind. Einig sein müssen sich die Beteiligten dabei nicht nur im Sinne eines gemeinsamen kosmischen Bewusstseins (»ich spüre genau, du willst es auch«), sondern sie müssen sich ihren Willen gegenseitig kundtun: Das nennen wir eine »Willenserklärung«. Beim Vertrag heißen die beiden Willenserklärungen »Angebot« und »Annahme«.

Das allerdings reicht dann auch schon aus.

Um einen Vertrag zu schließen, brauchen Sie kein Schriftstück und auch sonst keine Formalien. Sie können sich per E-Mail einigen oder mündlich – und sogar ganz ohne Worte, mit Gesten oder einem »schlüssigen Verhalten«: Steigen Sie in eine U-Bahn und fährt die U-Bahn los, kommt zwischen Ihnen und dem Transportunternehmen ein Beförderungsvertrag zustande, ohne dass jemand darüber ein Wort verloren hat.

Nur in Ausnahmefällen verlangt das Gesetz für einen Vertrag die Schriftform, zum Beispiel wenn Sie sich als Bürge verpflichten oder als Verbraucher ein Darlehen aufnehmen. In besonders wichtigen Fällen müssen Sie sogar zum Notar, etwa wenn Sie ein Grundstück kaufen oder verkaufen. Das soll die Beteiligten vor übereilten Entscheidungen schützen.

Die meisten alltäglichen Verträge können Sie jedoch formlos – und daher vielleicht manchmal auch übereilt – schließen. Entscheidend ist, dass die wesentlichen Rechte und Pflichten geklärt sind. Beim Kaufvertrag sind das: Kaufsache und Kaufpreis. Darüber waren Sie sich mit Meike und Ralf einig – anders, als Meikes rechtliche Kurzanalyse per SMS nahelegt, gab es nicht nur ein Angebot, sondern auch eine Annahme. Damit haben die beiden verpeilten Zeitgenossen mit Ihnen einen gültigen Kaufvertrag geschlossen. Und von dem können sie sich nicht einfach einseitig wieder lösen.

Denn an Verträge sind wir grundsätzlich gebunden. So haben *Sie* sich umgekehrt dazu verpflichtet, Meike und Ralf die Küche gegen Zahlung von 250 Euro zu überlassen. Kommen danach noch Sonja und Sven, erkennen den wahren Wert der Küche und bieten 25 Millionen, können auch Sie es sich nicht mehr anders überlegen.

Sie können von Meike und Ralf also verlangen, was Sie am zweitliebsten wollen: Abnahme und Zahlung. Das können Sie auch vor Gericht einklagen – oft reicht es schon, diese Absicht kurz anzusprechen und zu erwähnen, dass die Sache dann viel teurer wird.

Wie wäre es in der Abwandlung – wenn zwei Leute Ihr »Angebot« aus dem Inserat angenommen hätten und die Küche von Ihnen fordern würden?

Es scheint ja so, als lägen jeweils Angebot – in Ihrem Inserat – und Annahme – per E-Mail – vor. Damit wären in der Tat zwei Kaufverträge zustande gekommen, und Sie müssten jedem Käufer eine lycheecremefarbene Küche für 250 Euro liefern. Denn ein Vertragsschluss setzt nicht voraus, dass der Käufer die Sache besichtigt.

Natürlich wollten Sie aber nicht jedem Ihre Küche verkaufen, der sich meldet – Sie haben ja nur eine. Vor dem gleichen Problem steht jeder Versandhändler. Und auch ein Supermarkt fände es nicht toll, wenn er vertraglich an jeden gebunden wäre, der hereinkommt und sagt: »Ich kaufe Ihr gesamtes Angebot« – selbst wenn er es gar nicht bezahlen könnte.

Deshalb soll jeder Händler selbst entscheiden können, mit wem er Geschäfte macht. Rechtlich lösen wir das mit einem Trick: Wir tauschen die Rollen. Nicht der Händler macht das Angebot zum Vertragsschluss, sondern der Kunde! Das Waren-»Angebot« eines Händlers ist nur eine Einladung an Kunden, selbst ein Kaufangebot zu machen. Das macht der Kunde, indem er etwas online bestellt oder im Laden an die Kasse bringt. Nur wenn der Händler dieses Angebot annimmt, kommt der Vertrag zustande. Bestätigt der Händler bloß, dass die Bestellung eingegangen ist, reicht das noch nicht aus.

Eine wichtige Ausnahme ist die Online-Auktion: Hier stimmen die Teilnehmer besonderen Bedingungen zu, wonach Käufer und Verkäufer an das höchste Gebot gebunden sind. Der Verkäufer kann sich nicht erst noch überlegen, ob ihm das höchste Gebot hoch genug ist. Dafür kann es bei der Auktion auch nicht passieren, dass die Sache zweimal verkauft wird.

In der Abwandlung hätten Sie also Glück: Ihr »Angebot« im Inserat war rechtlich noch gar kein Angebot. Erst wenn

§

Sie auf eine der E-Mails antworten und das Angebot eines Interessenten annehmen würden, käme ein Kaufvertrag zustande.

Und die Frage, die Sie sich zu der Sache mit Meike und Ralf jetzt noch stellen, klären wir im nächsten Kapitel.

Darauf berufen Sie sich:

§ 311 Bürgerliches Gesetzbuch (BGB): Rechtsgeschäftliche und rechtsgeschäftsähnliche Schuldverhältnisse
(1) Zur Begründung eines Schuldverhältnisses durch Rechtsgeschäft sowie zur Änderung des Inhalts eines Schuldverhältnisses ist ein Vertrag zwischen den Beteiligten erforderlich, soweit nicht das Gesetz ein anderes vorschreibt. [...]

§ 433 BGB: Vertragstypische Pflichten beim Kaufvertrag
(1) Durch den Kaufvertrag wird der Verkäufer einer Sache verpflichtet, dem Käufer die Sache zu übergeben und das Eigentum an der Sache zu verschaffen. Der Verkäufer hat dem Käufer die Sache frei von Sach- und Rechtsmängeln zu verschaffen.
(2) Der Käufer ist verpflichtet, dem Verkäufer den vereinbarten Kaufpreis zu zahlen und die gekaufte Sache abzunehmen.

Helfen Sie der Erinnerung auf die Sprünge

Die Beweise

Wie in der Situation zuvor: Sie haben Meike und Ralf Ihre alte Küche angedreht und mündlich vereinbart, dass die beiden vor vier Minuten bei Ihnen sein sollten, um sie abzuholen und Ihnen 250 Euro zu zahlen.

Statt einer SMS geht nun aber gar kein Lebenszeichen des reizenden Pärchens bei Ihnen ein. Sie selbst rufen daher um 16.30 Uhr bei Meike an und erkundigen sich höflich, wann mit dem vereinbarten Eintreffen zu rechnen sei.

»Küche? Ey, von was laberst du? Bist du bekifft?«, lauten die Worte, die man Ihnen entgegnet.

Wie hat sich Ihre rechtliche Position im Vergleich zum Ausgangsfall verändert?

Die Rechtslage kann sich ändern, wenn sich der Sachverhalt ändert – das hatten wir im letzten Kapitel festgehalten. Der entscheidende Sachverhalt ist hier aber schon letzte Woche passiert: Ihre mündliche Einigung mit Meike und Ralf. Damit haben Sie den Kaufvertrag geschlossen, aus dem sich Ihre Ansprüche ergeben. Und *daran* hat sich nichts geändert – deshalb haben Sie auch in dieser Version der Geschichte einen Anspruch darauf, dass die beiden Ihre Küche abholen und Ihnen die 250 Euro zahlen.

Verändert hat sich aber etwas anderes: die Beweislage. Tun Meike und Ralf weiterhin so, als hätte das Gespräch letzte Woche allein in *Ihrem* Kopf, vielleicht nach dem Genuss berauschender Substanzen, stattgefunden, haben Sie vor Gericht ein Problem.

Denn das Gericht muss im Zivilprozess nicht von sich aus die Wahrheit aufklären. Behauptet eine Seite einen Sachverhalt, dem die andere Seite nicht widerspricht, darf das Gericht diesen Sachverhalt als wahr unterstellen. Behaupten Meike und Ralf also im Prozess, sie hätten die Küche längst bezahlt, und widersprechen Sie nicht ausdrücklich – dann geht das Gericht davon aus, dass das stimmt. Auch wenn es in Wirklichkeit nicht stimmt. Vor dem Zivilgericht muss man immer ausdrücklich sagen, dass der andere gerade halluziniert.

Widerspricht der Gegner aber, wird die Behauptung »streitig«: Dann darf das Gericht sie nur berücksichtigen, wenn sie sich beweisen lässt. Zu der Frage »Habe ich Recht?« gehört daher immer die Frage: »Kann ich die Umstände beweisen, aus denen sich ergibt, *dass* ich Recht habe?«

»Aber die beiden Vergesslichen können doch noch weniger beweisen, dass wir den Vertrag *nicht* geschlossen haben«, sagen Sie jetzt vielleicht. Das ist richtig. Doch das müssen sie auch nicht. Beweisen muss im Zivilprozess immer derjenige einen Umstand, der aus diesem Umstand einen Vorteil für sich ableitet. Ihn trifft die »Beweislast«. Und hier leiten Sie Ansprüche – also einen Vorteil für sich – aus der Behauptung ab, Sie hätten mit den beiden einen Kaufvertrag geschlossen. Daher müssen *Sie* den Vertragsschluss beweisen. Können Sie das nicht, haben Sie zwar Recht, aber kein Gericht wird Ihnen dieses Recht geben.

Das ist einerseits ärgerlich. Andererseits schützen diese Regeln auch Sie – schließlich kann jeder leicht in die umgekehrte Situation geraten: Ein Irrer ruft bei Ihnen an und faselt etwas von einer Küche, die Sie gekauft haben sollen. Dann sind Sie froh, dass der *Ihnen* das erst mal nachweisen muss und nicht umgekehrt.

Und behaupten Meike und Ralf im Prozess »Das mit dem Vertrag stimmt, aber bezahlt haben wir schon« – dann müssen die beiden diese Behauptung beweisen. Denn daraus leiten *sie* einen Vorteil ab: dass sie ihre Zahlungspflicht erfüllt haben und daher nicht mehr zahlen müssen.

Wie beweist man nun einen Sachverhalt im Zivilprozess?

Die Zivilprozessordnung kennt fünf Beweismittel:

Erstens den »Augenschein«: Sie zeigen dem Gericht einen Gegenstand, der etwas Bestimmtes beweisen soll, nach einem Verkehrsunfall zum Beispiel das beschädigte Auto. Im Ausgangsfall aus dem vorherigen Kapitel könnten Sie Ihr Handy mit der SMS von Meike vorlegen. Die SMS (»doch nicht«) deutet zumindest darauf hin, dass der Kauf einer Küche für 250 Euro vereinbart war und Meike es sich einfach nur anders überlegt hat.

Zweitens der »Zeugenbeweis«: Jemand hat das, was Sie beweisen wollen, gesehen, gehört, gefühlt, gerochen oder geschmeckt. Dann können Sie diese Person als Zeugen vorladen lassen. Der Zeuge muss kommen und die Wahrheit aussagen.

Aber: Zeuge kann nur sein, wer keine »Partei« des Prozesses ist, also weder Kläger noch Beklagter! Sie selbst könnten hier keine Zeugenaussage abgeben, ebenso wenig wie Meike und Ralf.

Dagegen macht es nichts, wenn der Zeuge einer Partei nahesteht. Oder sogar sehr nahe. War zum Beispiel zufällig Ihre Vermieterin in der Wohnung und hat das Gespräch mit Meike und Ralf mitbekommen, ist sie selbst dann eine taugliche Zeugin, wenn sich herausstellt, dass Sie mit ihr seit Jahren in die Kiste steigen. Das Gericht darf ihr deshalb nicht weniger glauben. Denn ein Zeuge macht sich strafbar, wenn er falsch aussagt. Deshalb geht das Gesetz – vielleicht etwas naiv – davon aus, dass kein Sex so gut sein kann, dass dafür jemand vor Gericht lügen würde. Verstrickt sich aber der Zeuge selbst in Widersprüche, darf und muss das Gericht ihn als unglaubwürdig einstufen.

Drittens der »Sachverständigenbeweis«: Hätten Meike und Ralf Ihnen für die Küche Falschgeld angedreht, bräuchten Sie womöglich einen Sachverständigen, der bestätigt, dass die Scheine nicht echt sind. Es sei denn, die beiden hätten mit einem 250-Euro-Schein bezahlt: Dann wäre die Fälschung eine »offenkundige Tatsache«, die nicht bewiesen werden muss.

Viertens der »Urkundenbeweis«: Den erbringen Sie, indem Sie ein unterschriebenes Schriftstück vorlegen, zum Beispiel einen schriftlichen Kaufvertrag. Auch eine E-Mail mit einer »qualifizierten elektronischen Signatur« gilt als Urkunde. Eine solche Signatur bieten aber nur bestimmte Provider an. Normale E-Mails können als Objekte des Augenscheins vorgelegt werden wie die SMS.

Fünftens die »Parteivernehmung«: Die Parteien eines Gerichtsverfahrens können ja nicht als Zeugen aussagen. Ausnahmsweise kann man aber beantragen, dass man selbst oder der Gegner *wie* ein Zeuge vernommen wird. Das soll helfen, wenn jemand sonst keine Beweismittel hat. Allerdings muss dafür fast immer die Gegenseite zustimmen, deshalb ist dieses Beweismittel sehr eingeschränkt verwendbar. Nur selten ordnet das Gericht selbst eine Parteivernehmung an.

Das Fazit ist also: In dieser Version der Geschichte haben Sie zwar Recht, werden es aber vor Gericht nicht bekommen.

Verlassen Sie sich daher im Alltag nicht nur auf Ihr Recht – sondern sichern Sie auch Beweise: Produzieren Sie Augenscheinobjekte und Urkunden! Auch wenn die meisten Verträge mündlich geschlossen werden können, sollten Sie zumindest wichtige Dinge schriftlich vereinbaren. Das braucht nicht immer mit Brief und Siegel zu sein – eine E-Mail oder eine Vereinbarung auf einem Bierdeckel sind besser als gar nichts. Oder sorgen Sie dafür, dass Zeugen dabei sind und vor allem mitbekommen, was passiert. Ein Zeuge, der sich nicht erinnert und dem Richter sagt: »Von was laberst du?«, ist auch nicht besser als gar kein Zeuge.

Darauf berufen Sie sich:

§ 291 Zivilprozessordnung (ZPO): Offenkundige Tatsachen
Tatsachen, die bei dem Gericht offenkundig sind, bedürfen keines Beweises.

§ 371 ZPO: Beweis durch Augenschein
(1) Der Beweis durch Augenschein wird durch Bezeichnung des Gegenstandes des Augenscheins und durch die Angabe der zu beweisenden Tatsachen angetreten. Ist ein elektronisches Dokument Gegenstand des Beweises, wird der Beweis durch Vorlegung oder Übermittlung der Datei angetreten. [...]

§ 373 ZPO: Zeugenbeweis
Der Zeugenbeweis wird durch die Benennung der Zeugen und die Bezeichnung der Tatsachen, über welche die Vernehmung der Zeugen stattfinden soll, angetreten.

§ 403 ZPO: Sachverständigenbeweis
Der Beweis wird durch die Bezeichnung der zu begutachtenden Punkte angetreten.

§ 416 ZPO: Beweiskraft von Privaturkunden
Privaturkunden begründen, sofern sie von den Ausstellern unterschrieben oder mittels notariell beglaubigten Handzeichens unterzeichnet sind, vollen Beweis dafür, dass die in ihnen enthaltenen Erklärungen von den Ausstellern abgegeben sind.

§

§ 445 ZPO: Vernehmung des Gegners; Beweisantritt

(1) Eine Partei, die den ihr obliegenden Beweis mit anderen Beweismitteln nicht vollständig geführt oder andere Beweismittel nicht vorgebracht hat, kann den Beweis dadurch antreten, dass sie beantragt, den Gegner über die zu beweisenden Tatsachen zu vernehmen. [...]

§ 447 ZPO: Vernehmung der beweispflichtigen Partei auf Antrag

Das Gericht kann über eine streitige Tatsache auch die beweispflichtige Partei vernehmen, wenn eine Partei es beantragt und die andere damit einverstanden ist.

Lassen Sie sich im Internet nichts unterjubeln

Der Verbraucherschutz bei Online-Bestellungen

Für einen Wochenendtrip nach Barcelona vergleichen Sie Flüge im Internet. Als Sie auf eine Schaltfläche mit dem harmlosen Wort »Weiter« klicken, landet in Ihrem E-Mail-Postfach eine unverhoffte Gratulation:

»Herzlichen Glückwunsch! Sie haben erfolgreich folgende Leistungen gebucht:

Hin-/Rückflug Frankfurt–Barcelona	129,00 Euro
Reiserücktrittsversicherung	39,00 Euro
Gesamt	168,00 Euro

Vielen Dank für Ihr Vertrauen!«

Voll Vertrauen klicken Sie eine Seite zurück und schauen sich genauer an, was da stand. Den Flug hatten Sie so ausgewählt. An die Position »Reiserücktrittsversicherung« hatte das Unternehmen liebenswürdigerweise selbst einen Haken gesetzt.
Ganz unten stand in winziger grauer Schrift: »Mit einem Klick auf ›Weiter‹ buchen Sie verbindlich.« Das haben Sie wohl übersehen ...
Was müssen Sie wirklich zahlen?

Wie wäre die Rechtslage, wenn auf der Schaltfläche »Kostenpflichtig buchen« gestanden hätte?

Was sollten Sie tun, wenn Ihnen folgende Zahlungsoptionen angeboten werden?

☐ Bankeinzug (zzgl. 49,90 Euro)
☐ Kreditkarte Mastercard (zzgl. 49,90 Euro)
☐ Kreditkarte Visa (zzgl. 49,90 Euro)
☐ American Express Centurion Card (kostenlos)

Angenommen, Sie wollen sich bei dem Unternehmen beschweren, finden aber in den Vertragsbedingungen nur folgenden Satz: »Fragen zum Vertrag beantworten wir Ihnen gern unter 0900/1555 XXX (3 €/Minute).«
Was können Sie tun?

Ein Vertrag kann, wie Sie schon wissen, grundsätzlich auch durch »schlüssiges Verhalten« zustande kommen: Wenn der andere Ihr Verhalten so deuten darf, dass Sie den Vertrag schließen wollen.

Steht nun auf einer Internetseite: »Wenn Sie auf den ›Weiter‹-Button klicken, bestellen Sie verbindlich zum genannten Preis«, und *klicken* Sie auf den ›Weiter‹-Button – dann dürfte nach dieser Grundregel das Unternehmen daraus schließen, dass Sie verbindlich bestellen *wollten*. Das gilt natürlich nur, wenn der Hinweis so deutlich war, dass Sie ihn sehen konnten.

Genau da liegt das Problem: In unserem Fall haben Sie den Hinweis übersehen. Das ging in der Vergangenheit sehr vielen Internetnutzern so. Und in sehr vielen Fällen hatte es der Seitenbetreiber auch genau darauf angelegt. Da klickten sich reihenweise Leute durch vermeintlich kostenlose Horoskop-, Rezept- oder Partnervermittlungsseiten – und bekamen plötzlich eine horrende Rechnung, weil irgendwo winzig in Hellgrau auf Dunkelgrau stand: »Mit einem Klick auf ›Weiter‹ schließen Sie ein Abo für 69,90 Euro/Monat ab, Mindestlaufzeit 60 Monate.« Diese Fälle wurden als »Kostenfallen« oder »Abofallen« bekannt.

Selbst bei seriösen Unternehmen konnte man so schneller eine verbindliche Bestellung aufgeben, als einem lieb war. Ständig gab es Streit darüber, ob der Hinweis deutlich genug erschien. Darüber müsste man theoretisch auch in unserem Fall streiten.

Theoretisch. Denn dem Gesetzgeber war das irgendwann zu blöd. Deshalb hat er im Jahr 2012 eine besondere Regel für Onlineshops aufgestellt: Ein Verbraucher – also eine Privatperson, die privat handelt – kann in einem Onlineshop eine kostenpflichtige Bestellung nur noch ausdrücklich aufgeben und nicht mehr durch schlüssiges Verhalten.

Es genügt heute nicht mehr, dass sich Ihr Mausklick vielleicht mit viel Phantasie und Kleingedrucktem als Bestellung deuten lässt. Sie müssen ganz klar ausdrücken, dass Sie etwas Kostenpflichtiges bestellen wollen. Klicken Sie eine Auswahlbox, Schaltfläche oder einen sonstigen Link an, muss darauf etwas stehen wie »zahlungspflichtig bestellen«, »kaufen« oder »Gebot abgeben«. Sonst kann das Unternehmen von Ihnen kein Geld verlangen.

Zweideutige Formulierungen wie »Anmeldung«, »weiter«, »bestellen«, »Bestellung abgeben« oder »Download« reichen nicht mehr – denn es gibt ja im Internet auch kostenlose Angebote.

Bestellen Sie über ein freies Nachrichtenfeld oder per E-Mail, kommt ein kostenpflichtiger Vertrag nur zustande, wenn Sie eine ähnliche Formulierung verwenden.

Nach heutiger Rechtslage sind Sie also im Ausgangsfall auf

§

der sicheren Seite: Mit einem Klick auf den »Weiter«-Button konnten Sie auf keinen Fall etwas Kostenpflichtiges bestellen, ganz egal, was sonst noch auf der Seite stand.

Nur in der Abwandlung, wenn also auf dem Button »Kostenpflichtig buchen« gestanden hätte, müssten Sie zahlen. Zumindest den Flug, den Sie selbst ausgewählt haben.

Wie wäre es mit der Reiserücktrittsversicherung?

Auch hier hätten Sie theoretisch durch schlüssiges Verhalten die Versicherung bestellt – indem Sie das voreingestellte Häkchen dort gelassen und auf »Kostenpflichtig buchen« geklickt hätten.

Theoretisch. Denn auch diese Praxis vieler Unternehmen wurde dem Gesetzgeber zu bunt. Seit Juni 2014 gilt deshalb: Zusatzprodukte kann ein Onlineshop Ihnen als Verbraucher nicht mehr unterschieben, indem er sie selbst als Voreinstellung auswählt – und Sie erst einmal fleißig deaktivieren sollen, wenn Sie die Zusatzversicherung, die zwölfjährige Zusatzgarantie oder das praktische Rollkofferset *nicht* kaufen wollen.

Die Reiserücktrittsversicherung müssten Sie also nicht bezahlen.

Was ist mit den Zahlungsmöglichkeiten für den Flug?

Hier hat das Unternehmen nichts voreingestellt, Sie würden also selbst ausdrücklich eine Möglichkeit auswählen. Doch immer mehr Unternehmen erhöhen so durch die Hintertür ihre Preise. Daher hat der Gesetzgeber auch mit dieser Abzocke Schluss gemacht: Zwar kann ein Unternehmen weiterhin mit Ihnen für eine bestimmte Zahlungsart eine Gebühr vereinbaren. Gegenüber Verbrauchern ist eine solche Vereinbarung aber nur unter zwei Voraussetzungen gültig.

Erstens muss das Unternehmen mindestens *eine* kostenlose Zahlungsmöglichkeit anbieten – und zwar eine, die gängig und zumutbar ist.

Die »American Express Centurion Card« kann man nicht selbst beantragen – exklusive Kunden bekommen sie angeboten, wenn sie jahrelang schwindelerregend hohe Umsätze über eine andere American-Express-Karte generiert haben. Aufnahme- und Jahresgebühr weisen viele Stellen vor dem Komma auf. Eine gängige Zahlungsart? Sicher nicht.

Zweitens darf das Unternehmen Ihnen als Verbraucher nur Gebühren berechnen, die ihm selbst entstehen, zum Beispiel eine Provision, die es dem Kreditkartenunternehmen zahlen muss. Es darf aus den Zahlungsgebühren kein Zusatzgeschäft machen.

Das Schöne für Sie als Verbraucher(in): Ist der Betrag zu hoch angegeben, ist die gesamte Zahlungsgebühr hinfällig! Das Unternehmen darf dann also noch nicht einmal das berechnen, was eigentlich noch in Ordnung gewesen wäre. Und die hier verlangten 49,90 Euro gehen sicher über die Kosten hinaus, die dem Unternehmen selbst entstehen.

Aus beiden Gründen ist damit eine Vereinbarung über eine Zahlungsgebühr in unserem Fall ungültig! Das bedeutet: Sie brauchen die Bestellung nach heutiger Rechtslage nicht mehr frustriert abzubrechen. Sie können »Bankeinzug (zzgl. 49,90 Euro)« wählen – und genau diesem Einzug hinterher in Höhe der 49,90 Euro widersprechen. Bezahlen müssen Sie nur den Flug.

Und wenn Sie nun all diese Dinge mit dem Unternehmen klären wollen, aber nur die teure 0900-Nummer haben?

Für Fragen oder Erklärungen zu einem bestehenden Vertrag dürfen Unternehmen Sie in ihren Bedingungen nicht

§

mehr auf teure Sonderrufnummern verweisen, also auf Nummern, die mehr kosten als ein normales Festnetzgespräch.

Doch was nützt Ihnen das, wenn sich das Unternehmen nicht daran hält? Hier hat sich der Gesetzgeber eine raffinierte Lösung ausgedacht: Sie können getrost die teure Nummer anrufen. Und Ihre Telefonrechnung um den Betrag für den Anruf kürzen! Ihr Telefonanbieter muss sich sein Geld von dem Unternehmen wiederholen.

Mit dem insgesamt gesparten Geld können Sie dann glatt ein weiteres Wochenende in Barcelona verbringen.

Oder sich ein paar Reiserücktrittsversicherungen extra leisten.

Darauf berufen Sie sich:

§ 312j Bürgerliches Gesetzbuch (BGB): Besondere Pflichten im elektronischen Geschäftsverkehr gegenüber Verbrauchern
[…] (3) Der Unternehmer hat die Bestellsituation bei einem Vertrag nach Absatz 2 so zu gestalten, dass der Verbraucher mit seiner Bestellung ausdrücklich bestätigt, dass er sich zu einer Zahlung verpflichtet. Erfolgt die Bestellung über eine Schaltfläche, ist die Pflicht des Unternehmers aus Satz 1 nur erfüllt, wenn diese Schaltfläche gut lesbar mit nichts anderem als den Wörtern »zahlungspflichtig bestellen« oder mit einer entsprechenden eindeutigen Formulierung beschriftet ist. […]

§ 312a BGB: Allgemeine Pflichten und Grundsätze bei Verbraucherverträgen; Grenzen der Vereinbarung von Entgelten
[…] (3) Eine Vereinbarung, die auf eine über das vereinbarte Entgelt für die Hauptleistung hinausgehende Zahlung des Verbrauchers gerichtet ist, kann ein Unternehmer mit einem Verbraucher nur ausdrücklich treffen. Schließen der Unternehmer und der Verbraucher einen Vertrag im elektronischen Geschäftsverkehr, wird eine solche Vereinbarung nur Vertragsbestandteil, wenn der Unternehmer die Vereinbarung nicht durch eine Voreinstellung herbeiführt.

(4) Eine Vereinbarung, durch die ein Verbraucher verpflichtet wird, ein Entgelt dafür zu zahlen, dass er für die Erfüllung seiner vertraglichen Pflichten ein bestimmtes Zahlungsmittel nutzt, ist unwirksam, wenn

1. für den Verbraucher keine gängige und zumutbare unentgeltliche Zahlungsmöglichkeit besteht oder

2. das vereinbarte Entgelt über die Kosten hinausgeht, die dem Unternehmer durch die Nutzung des Zahlungsmittels entstehen.

(5) Eine Vereinbarung, durch die ein Verbraucher verpflichtet wird, ein Entgelt dafür zu zahlen, dass der Verbraucher den Unternehmer wegen Fragen oder Erklärungen zu einem zwischen ihnen geschlossenen Vertrag über eine Rufnummer anruft, die der Unternehmer für solche Zwecke bereithält, ist unwirksam, wenn das vereinbarte Entgelt das Entgelt für die bloße Nutzung des Telekommunikationsdienstes übersteigt. Ist eine Vereinbarung nach Satz 1 unwirksam, ist der Verbraucher auch gegenüber dem Anbieter des Telekommunikationsdienstes nicht verpflichtet, ein Entgelt für den Anruf zu zahlen. Der Anbieter des Telekommunikationsdienstes ist berechtigt, das Entgelt für die bloße Nutzung des Telekommunikationsdienstes von dem Unternehmer zu verlangen, der die unwirksame Vereinbarung mit dem Verbraucher geschlossen hat. [...]

§

Zeigen Sie Größe gegenüber dem Kleingedruckten

Die Allgemeinen Geschäftsbedingungen

Zu Ihrem runden Geburtstag haben die Kollegen zusammengelegt und Ihnen ein sandfarbenes Designershirt geschenkt. Damit es kein Missverständnis gibt, haben sie das Preisschild dran gelassen: 249 Euro.

Leider übersteht das Shirt schon das erste Mittagessen nur mit einem Soßenfleck. Sie bringen es gleich in die Reinigung, die gerade eine Aktion hat: »Alle Hemden, Blusen und T-Shirts nur 1,50 €« Als Sie es abholen, ist der Fleck weg. Das Shirt ist allerdings grün.

Während Sie laut darüber nachdenken, dass die Reinigung Ihnen ein neues Shirt zahlen muss, zieht das zuvorkommende Personal unter der Theke die Allgemeinen Geschäftsbedingungen hervor und lenkt Ihre Aufmerksamkeit auf folgenden Satz:

»12.4 Unsere Haftung für Bearbeitungsschäden ist bei leichter Fahrlässigkeit auf das 15-fache des Bearbeitungspreises begrenzt.«

Von diesen Bedingungen hören Sie zum ersten Mal.

Was denken Sie?

☐ »Wie praktisch, Grün ist eh die neue Frühlingsfarbe, und Umfärben wäre viel teurer gewesen.«

☐ »Ich muss mir unbedingt auch mal Allgemeine Geschäftsbedingungen zulegen.«

☐ »Ihr seid wohl nicht ganz sauber!«

Ändert sich Ihre Meinung, wenn ...

1. auf Ihrem Kassenzettel der Satz steht: »Es gelten unsere AGB.«?

2. an der Wand ein Schild hängt: »Es gelten unsere Allgemeinen Geschäftsbedingungen. Ein Exemplar ist auf Nachfrage im Laden einsehbar.«?

Fest steht, dass die Reinigung etwas falsch gemacht hat, sonst wäre Ihr Shirt nicht ruiniert. Sie haben grundsätzlich einen Schadensersatzanspruch.

Dass jemand vorsätzlich Ihr Shirt verfärbt hat, können wir allerdings nicht unterstellen. Auch grobe Fahrlässigkeit kommt selten vor. Sie bedeutet, dass sich jemand einen Klops leistet, bei dem jeder vernünftige Mensch ruft: »Wie kann man nur?« Zum Beispiel die Kerze, die jemand brennen lässt, wenn er das Haus verlässt.

In unserem Fall gibt es für solche Klopse keine Anhaltspunkte. Wir können daher nur davon ausgehen, dass das Malheur durch eine Unachtsamkeit entstanden ist. Also durch genau die leichte Fahrlässigkeit, der sich die Allgemeinen Geschäftsbedingungen widmen.

Die Frage lautet daher: Können Sie 249 Euro für ein neues Shirt verlangen oder nur 15-mal den Reinigungspreis von 1,50 Euro, also 22,50 Euro?

Das hängt davon ab, ob die Haftungsbeschränkung ein gültiger Bestandteil Ihres Vertrags mit der Reinigung geworden ist.

Mit der Reinigung haben Sie das so nicht besprochen. Allerdings gelten für Allgemeine Geschäftsbedingungen besondere Regeln. Sie können Vertragsbestandteil werden, ohne dass man jede Klausel ausdrücklich vereinbart. Das ist gerade ihr Sinn: Sie sollen Massengeschäfte dadurch vereinfachen, dass ein Unternehmen nicht mit jedem Kunden alles neu aushandeln muss.

Es reicht aber nicht, dass Allgemeine Geschäftsbedingungen irgendwann von irgendwoher auftauchen. Bestandteil eines Vertrags können sie nur unter bestimmten Voraussetzungen werden:

Erstens muss das Unternehmen Sie klar darauf hinweisen,

dass es seine Bedingungen in den Vertrag einbeziehen möchte. Und zwar bei Vertragsschluss. Denn nachträglich kann niemand mehr neue Klauseln in einen Vertrag mogeln – das wäre ja noch schöner!

Den Vertrag haben Sie in unserem Beispielfall aber bereits geschlossen, als Sie das Shirt abgegeben und sich mit der Reinigung darüber geeinigt haben, dass die es für 1,50 Euro reinigen soll. Hören Sie nun, bei der Abholung, zum ersten Mal von Allgemeinen Geschäftsbedingungen, ist das zu spät.

Damit haben wir den Ausgangsfall schon gelöst: Die Haftungsbeschränkung gilt nicht. Sie können 249 Euro für ein neues Shirt verlangen. Richtige Antwort ist also: »Ihr seid wohl nicht ganz sauber!«

Auch ein Hinweis auf dem Kassenbon – wie Abwandlung 1 – kommt zu spät. Wenn Sie den Kassenbon bekommen, haben Sie den Vertrag in aller Regel längst geschlossen: Sonst hätten Sie nicht gezahlt, denn ohne Vertrag schulden Sie gar nichts.

Weist Sie allerdings – wie in Abwandlung 2 – ein Schild auf die Geschäftsbedingungen hin, *bevor* Sie den Vertrag schließen, reicht das, um diese erste Voraussetzung zu erfüllen.

Zweitens müssen die Klauseln für Sie wenigstens auf Nachfrage einsehbar sein. Manche Geschäfte hängen sie in einer dunklen Ecke auf – das genügt ebenso wie ein Link beim Onlineshop. In Ordnung ist es auch, wenn – wie hier – das Kleingedruckte unter der Theke darauf wartet, dass es jemand sehen will. Ob Sie von dieser Möglichkeit Gebrauch machen, ist allein Ihre Sache.

Drittens müssen Sie sich als Kunde damit einverstanden erklären, dass die Allgemeinen Geschäftsbedingungen gelten.

Das tun Sie durch »schlüssiges Verhalten«, wenn Sie nach dem Hinweis den Vertrag schließen.

Doch viertens kommt es auch darauf an, was in den Klauseln steht. Denn das Kleingedruckte soll ja den Alltag dadurch erleichtern, dass man es gerade nicht genau lesen muss. Das geht aber nur, wenn Sie darauf vertrauen dürfen, dass dort nichts steht, was Sie völlig über den Tisch zieht. Dafür sorgt der Gesetzgeber.

So werden überraschende Klauseln kein Vertragsbestandteil. Das sind Dinge, die ein vernünftiger Mensch im Kleingedruckten nicht vermuten würde. Überraschend ist es zum Beispiel, wenn in den Allgemeinen Geschäftsbedingungen eines Mietvertrags die Klausel versteckt ist, dass die Zimmertemperatur im Winter nur 18 Grad betragen muss. Oder wenn ein Buchhändler im Kleingedruckten stehen hat, dass Sie sich verpflichten, auch zukünftig jeden Monat ein Buch bei ihm zu kaufen. Solche ungewöhnlichen Regeln können höchstens dann gültig sein, wenn das Unternehmen sie besonders hervorhebt.

In unserem Fall geht es allerdings um eine typische Allgemeine Geschäftsbedingung: eine Haftungsbeschränkung. Sie ist nicht überraschend.

Doch unsere Prüfung geht noch weiter: Selbst Klauseln, die nicht überraschend sind, können unfair und daher ungültig sein. Der Gesetzgeber listet eine ganze Reihe konkreter unzulässiger Klauseln auf. Sind Sie Verbraucher, also Privatperson, die privat handelt, kann ein Unternehmen in Allgemeinen Geschäftsbedingungen unter anderem niemals bestimmen, dass …

- Ihre Gewährleistungsrechte ausgeschlossen sind, wenn Sie neue (im Gegenteil zu gebrauchten) Sachen kaufen,

§

- sich der Vertrag automatisch um mehr als ein Jahr verlängert oder dass Sie ihn mehr als drei Monate vor Ablauf kündigen müssen, damit er sich nicht verlängert,
- sich die Beweislast zu Ihrem Nachteil ändert,
- das Unternehmen nach Vertragsschluss eigenmächtig den Preis erhöhen kann (Ausnahme: die Leistung soll erst in mehr als vier Monaten erbracht werden),
- das Unternehmen ohne Grund willkürlich den Vertrag auflösen kann,
- die Haftung des Unternehmens ausgeschlossen oder beschränkt ist, wenn es Leben, Körper oder Gesundheit verletzt,
- die Haftung des Unternehmens ausgeschlossen oder beschränkt ist, wenn es vorsätzlich oder grob fahrlässig einen sonstigen Schaden verursacht.

Die Sache hat einen wichtigen Clou: Enthält ein Satz in Geschäftsbedingungen auch nur teilweise einen unzulässigen Inhalt, entfällt der gesamte Satz! Die Klausel »Wir haften nicht für Schäden« wird also nicht so zurechtgestutzt, dass die Haftung wenigstens für normale und leichte Fahrlässigkeit bei Sachschäden ausgeschlossen ist. Die Formulierung fällt ersatzlos weg, und das Unternehmen kann sich überhaupt nicht mehr auf eine Haftungsbeschränkung berufen. Denn sonst könnte ja jedes Unternehmen ohne Risiko die unzulässigsten Klauseln aufstellen – und stünde hinterher auch nicht schlechter da, als wenn es sich an das Gesetz gehalten hätte.

Offenbar hat sich die Reinigung die Liste gut angesehen. Sie beschränkt ihre Haftung ausdrücklich nur für leichte Fahrlässigkeit bei Bearbeitungsschäden. Das ist nicht von vornherein unzulässig.

Doch wir sind immer noch nicht am Ende: Selbst Klauseln,

die nicht in der Liste stehen, dürfen den Kunden nicht unangemessen benachteiligen. Besonders mit uns Verbrauchern meinen es die Gerichte gut und schauen noch einmal genau hin.

So hat der Bundesgerichtshof zum Beispiel entschieden: Allgemeine Geschäftsbedingungen in einem Mietvertrag dürfen dem Mieter keine Schönheitsreparaturen nach starren Fristen (»alle X Jahre«) aufbürden (Aktenzeichen VIII ZR 178/05), denn das ist unfair gegenüber Mietern, deren Wohnung gar nicht abgenutzt ist. Und eine Autowaschanlage darf auch bei leichter Fahrlässigkeit nicht ihre Haftung dafür ausschließen, dass zum Beispiel Spiegel oder Scheibenwischer beschädigt werden (Aktenzeichen X ZR 133/03). Denn der Kunde gibt sein Auto in die Hände des Betreibers und muss ihm blind vertrauen. Er gibt es in die Waschanlage, damit es in einem besseren Zustand als vorher wieder herauskommt, nicht in einem schlechteren. Und das Kleingedruckte darf nicht dem Sinn der gesamten Aktion widersprechen.

Auch für unseren Fall hat der Bundesgerichtshof kürzlich entschieden: Eine Reinigung darf selbst bei leichter Fahrlässigkeit ihre Haftung nicht am Bearbeitungspreis ausrichten (Aktenzeichen VII ZR 249/12). Denn der Bearbeitungspreis sagt – wie unser Beispiel zeigt – nichts darüber aus, wie wertvoll das Kleidungsstück ist. Es ist unfair, dieses Risiko komplett auf den Kunden abzuwälzen.

Ergebnis: Auch in Abwandlung 2 kann sich die Reinigung nicht auf die Haftungsbeschränkung berufen. Sie können volle 249 Euro für ein neues Shirt verlangen.

Allgemeine Geschäftsbedingungen sind übrigens nicht nur solche, die unter einer Theke schlummern. Sie können auch ganz offiziell und gar nicht klein gedruckt in einem Vertrag

§

stehen, zum Beispiel in Ihrem Mietvertrag. Die Regeln aus diesem Kapitel gelten für alle Klauseln, die ein Unternehmen vorformuliert und einem Verbraucher aufzwingt. Anders ist das nur, wenn das Unternehmen ernsthaft mit Ihnen über die Klausen verhandeln will oder Sie gar etwas Individuelles vereinbaren.

Ihr Leben ist also viel mehr von Allgemeinen Geschäftsbedingungen geregelt, als Sie vielleicht merken. Und davon sind viel mehr ungültig, als Sie vielleicht denken. Es gibt Tausende von Einzelentscheidungen, die ich in diesem Buch nicht erwähnen kann. Haben Sie einen bestimmten Verdacht, lohnt es sich, dazu ein Stichwort im Internet einzugeben. Hauptsache, Sie lassen sich nicht mit der Aussage abspeisen: »Das steht doch so in unseren Bedingungen.«

Denn das besagt noch gar nichts.

Darauf berufen Sie sich:

§ 305 Bürgerliches Gesetzbuch (BGB): Einbeziehung Allgemeiner Geschäftsbedingungen in den Vertrag
(1) Allgemeine Geschäftsbedingungen sind alle für eine Vielzahl von Verträgen vorformulierten Vertragsbedingungen, die eine Vertragspartei (Verwender) der anderen Vertragspartei bei Abschluss eines Vertrags stellt. Gleichgültig ist, ob die Bestimmungen einen äußerlich gesonderten Bestandteil des Vertrags bilden oder in die Vertragsurkunde selbst aufgenommen werden, welchen Umfang sie haben, in welcher Schriftart sie verfasst sind und welche Form der Vertrag hat. Allgemeine Geschäftsbedingungen liegen nicht vor, soweit die Vertragsbedingungen zwischen den Vertragsparteien im Einzelnen ausgehandelt sind.
(2) Allgemeine Geschäftsbedingungen werden nur dann Bestandteil eines Vertrags, wenn der Verwender bei Vertragsschluss
1. die andere Vertragspartei ausdrücklich oder, wenn ein ausdrücklicher Hinweis wegen der Art des Vertragsschlusses nur unter unverhältnismäßigen

Schwierigkeiten möglich ist, durch deutlich sichtbaren Aushang am Ort des Vertragsschlusses auf sie hinweist und

2. der anderen Vertragspartei die Möglichkeit verschafft, in zumutbarer Weise, die auch eine für den Verwender erkennbare körperliche Behinderung der anderen Vertragspartei angemessen berücksichtigt, von ihrem Inhalt Kenntnis zu nehmen,

und wenn die andere Vertragspartei mit ihrer Geltung einverstanden ist. [...]

§ 305c BGB: Überraschende und mehrdeutige Klauseln

(1) Bestimmungen in Allgemeinen Geschäftsbedingungen, die nach den Umständen, insbesondere nach dem äußeren Erscheinungsbild des Vertrags, so ungewöhnlich sind, dass der Vertragspartner des Verwenders mit ihnen nicht zu rechnen braucht, werden nicht Vertragsbestandteil.

(2) Zweifel bei der Auslegung Allgemeiner Geschäftsbedingungen gehen zu lasten des Verwenders.

§ 307 BGB: Inhaltskontrolle

(1) Bestimmungen in Allgemeinen Geschäftsbedingungen sind unwirksam, wenn sie den Vertragspartner des Verwenders entgegen den Geboten von Treu und Glauben unangemessen benachteiligen. Eine unangemessene Benachteiligung kann sich auch daraus ergeben, dass die Bestimmung nicht klar und verständlich ist. [...]

§ Erkennen Sie, ob die nur spielen wollen

Die Geschäftsfähigkeit

Ihre vierjährige Tochter ist ein Wunderkind: Sie kann nicht nur schon lesen, sondern hat Ihnen kürzlich auch das Twittern beigebracht. Heute hat eine Spedition ein sperriges Paket bei Ihnen abgegeben. Heraus kam ein »Arte M Prinzessin Lillifee Kinderzimmer-Schreibtisch weiß/rosa«, den Ihre Tochter, das selbständige Zauberwesen, in einem Onlineshop bestellt hat. Die beiliegende Rechnung lautet auf Ihre Tochter und weist einen Betrag von 429 Euro aus, »zahlbar sofort«.

Was tun Sie?

☐ Gar nichts. Die Rechnung ist ja nicht an mich gerichtet.

☐ Ich lobe meine schlaue Tochter, weil sie den Mindestbestellwert von 400 Euro für eine versandkostenfreie Lieferung berücksichtigt hat. Zur Belohnung bezahle ich die Rechnung und ermuntere sie, auch den passenden »Prinzessin-Lillifee-Teppich 1500 x 2200 cm« zu bestellen.

☐ Ich rufe sofort beim Lillifee-Shop an und weise die Rechnung zurück.

Ändert sich Ihre Meinung, wenn Ihre Tochter 14 Jahre alt ist?

Der Lillifee-Shop kann die 429 Euro von Ihrer Tochter verlangen, wenn er mit Ihrer Tochter einen gültigen Kaufvertrag geschlossen hat. Kaufverträge kann man auch über das Internet schließen.

Die entscheidende Frage lautet hier: Wie wirkt es sich aus, dass Ihre Tochter erst vier Jahre alt ist?

Sie ist damit »geschäftsunfähig« und wird es noch bis zu ihrem siebten Geburtstag bleiben. Und für Geschäftsunfähige kennt das Gesetz eine einfache Lösung: Ihre Verträge sind generell ungültig, selbst dann, wenn die Eltern einverstanden waren. Da können die Kinder nichts machen – außer älter werden.

Auch Menschen, die älter sind als sechs Jahre, aber zum Beispiel aufgrund einer psychischen Erkrankung dauerhaft unzurechnungsfähig, können keine gültigen Verträge schließen. Wie die Kinder sollen auch sie vor sich selbst geschützt werden.

In unserem Fall können Sie sich also durchaus auf den ersten Standpunkt stellen und die Rechnung ignorieren. Denn richtig ist: Sie *selbst* haben keinen Vertrag geschlossen, also kann der Shop gegen Sie keinen Anspruch haben. »Eltern haften für ihre Kinder« gilt hier jedenfalls nicht. Und Ihre Tochter hat lediglich einen ungültigen Vertrag geschlossen, braucht also auch nichts zu zahlen.

Allerdings werden wohl ein paar Mahnungen kommen und am Ende womöglich eine Klage. Vielleicht stellt sich erst im Prozess heraus, dass ein vierjähriges Wunderkind eingekauft hat – einer Internetbestellung sieht man das Alter der Kundin ja nicht an. Einfacher für alle Beteiligten ist es daher, wenn Sie kurz beim Shop anrufen und die Sache aufklären.

Hätte Ihre Tochter schon bezahlt, könnte sie das Geld zurückverlangen. Da der Vertrag nicht gültig ist, hat Ihre Tochter natürlich umgekehrt auch keinen Anspruch auf das schöne Möbelstück in Weiß/Rosa. Die Spedition wird also wieder kommen und den Schreibtisch abholen. Möchten Sie, dass Ihre Tochter den Schreibtisch behalten darf, müssen Sie ihn neu kaufen, und zwar unter Ihrem eigenen Namen.

Nun zur Abwandlung: Ist Ihre Tochter schon 14, sieht die Sache anders aus. Dann ist sie »beschränkt geschäftsfähig«, wie das Gesetz die unterhaltsamen Zeitgenossen von sieben bis 17 Jahren nennt. Diese jungen Leute können mit einer Sondergenehmigung Arbeitsverträge schließen und sogar ein eigenes Unternehmen betreiben!

Rechtsgeschäfte, die ihnen nur einen Vorteil verschaffen, können sie allein abschließen. Schenkt die nette Tante Ihrer Tochter die Lillifee-Ausstattung, kann Ihre 14-jährige Tochter diese Schenkung annehmen, ohne Sie vorher fragen zu müssen. Sie können dagegen nichts tun – zumindest nichts Rechtliches.

Anders ist es bei Verträgen, mit denen die Minderjährigen auch selbst eine Verpflichtung eingehen, wie beim Kaufvertrag. Sie sind nur in bestimmten Fällen gültig:

Eine Möglichkeit ist, dass die Eltern ihre »Einwilligung« geben. Einwilligung bedeutet: vorherige Zustimmung. Dafür hätte Ihre Tochter Sie früher fragen müssen.

Die zweite Möglichkeit ist eine »Genehmigung«. Sie ist eine *nachträgliche* Zustimmung. Die können Sie nun geben, wenn Sie den Lillifee-Schreibtisch so schön finden, dass Sie ihn ständig bei sich im Haus haben möchten.

Die Genehmigung können Sie Ihrem Kind gegenüber erteilen oder dem Vertragspartner, also hier dem Lillifee-Shop. Das können Sie sich aussuchen – es sei denn, der Vertragspartner hat Sie ausdrücklich zu einer Entscheidung aufgefordert: Dann können Sie nur noch ihm gegenüber erklären, ob Sie möchten, dass der Vertrag gültig ist oder nicht.

Stellen Sie sich nach einer solchen Anfrage zwei Wochen lang tot, gilt die Genehmigung als verweigert. Soll Ihre Tochter den Schreibtisch nicht behalten dürfen, können Sie also auch in der Abwandlung die Sache einfach ignorieren. Praktisch sparen Sie sich nervenaufreibende Korrespondenz, wenn Sie kurz aufklären, was passiert ist.

Solange die Eltern den Vertrag nicht genehmigt haben, sprechen Juristen davon, dass er »schwebend unwirksam« ist – in dieser dramatischen Formulierung klingt die ganze Bedrohung mit: Der Verkäufer kann mit dem Kaufpreis nicht planen, denn er weiß nicht, ob er ihn bekommt beziehungsweise behalten darf. Deshalb kann er den Vertrag selbst widerrufen, solange die Eltern ihn nicht genehmigt haben. Das gilt zumindest dann, wenn er, wie im Internet, bei der Bestellung nicht wusste, dass er es mit einer Minderjährigen zu tun hatte – oder wenn die Minderjährige ihm vorgelogen hat, die Eltern hätten zugestimmt. Hat Ihre Tochter also ein wirklich gutes Geschäft gemacht, sollten Sie das schnell genehmigen.

Und es gibt noch eine dritte Möglichkeit, wie ein beschränkt Geschäftsfähiger einen gültigen Vertrag schließen kann: indem er mit Geld bezahlt, das ihm seine Eltern genau dafür oder zur freien Verfügung gegeben haben. Auch der reiche Onkel kann Ihrer Tochter Geld für eine Lillifee-Ausstattung geben – mit Ihrer Zustimmung. Hat die Oma es ihr aber heimlich zugesteckt, gilt die Ausnahmevorschrift nicht.

Geld zur freien Verfügung ist zum Beispiel Taschengeld. Deswegen nennt man die entsprechende Vorschrift auch den »Taschengeldparagrafen«.

Allerdings gelten diese Ausnahmen nur, wenn der Minderjährige die Sache schon vollständig mit dem Geld bezahlt *hat*. Liegt wie in unserem Fall erst eine unbezahlte Rechnung vor, können Sie den Vertrag selbst dann noch ablehnen, wenn Ihre Tochter 429 Euro Taschengeld im Monat bekommt. Aber dann ist Ihnen wahrscheinlich sowieso alles egal.

Und wie Sie die Lillifee-Ausstattung wieder loswerden, wenn Sie sie *selbst* bestellt haben, sehen wir im nächsten Kapitel.

Darauf berufen Sie sich:

§ 104 Bürgerliches Gesetzbuch (BGB): Geschäftsunfähigkeit
Geschäftsunfähig ist:
1. wer nicht das siebente Lebensjahr vollendet hat,
2. wer sich in einem die freie Willensbestimmung ausschließenden Zustand krankhafter Störung der Geistestätigkeit befindet, sofern nicht der Zustand seiner Natur nach ein vorübergehender ist.

§ 105 BGB: Nichtigkeit der Willenserklärung
(1) Die Willenserklärung eines Geschäftsunfähigen ist nichtig. [...]

§ 106 BGB: Beschränkte Geschäftsfähigkeit Minderjähriger
Ein Minderjähriger, der das siebente Lebensjahr vollendet hat, ist nach Maßgabe der §§ 107 bis 113 in der Geschäftsfähigkeit beschränkt.

§ 107 Einwilligung des gesetzlichen Vertreters
Der Minderjährige bedarf zu einer Willenserklärung, durch die er nicht lediglich einen rechtlichen Vorteil erlangt, der Einwilligung seines gesetzlichen Vertreters.

§ 108 BGB: Vertragsschluss ohne Einwilligung
(1) Schließt der Minderjährige einen Vertrag ohne die erforderliche Einwilligung des gesetzlichen Vertreters, so hängt die Wirksamkeit des Vertrags von der Genehmigung des Vertreters ab.
(2) Fordert der andere Teil den Vertreter zur Erklärung über die Genehmigung auf, so kann die Erklärung nur ihm gegenüber erfolgen; eine vor der Aufforderung dem Minderjährigen gegenüber erklärte Genehmigung oder Verweigerung der Genehmigung wird unwirksam. Die Genehmigung kann nur bis zum Ablauf von zwei Wochen nach dem Empfang der Aufforderung erklärt werden; wird sie nicht erklärt, so gilt sie als verweigert. [...]

§ 109 BGB: Widerrufsrecht des anderen Teils
(1) Bis zur Genehmigung des Vertrags ist der andere Teil zum Widerruf berechtigt. Der Widerruf kann auch dem Minderjährigen gegenüber erklärt werden.

(2) Hat der andere Teil die Minderjährigkeit gekannt, so kann er nur widerrufen, wenn der Minderjährige der Wahrheit zuwider die Einwilligung des Vertreters behauptet hat; er kann auch in diesem Falle nicht widerrufen, wenn ihm das Fehlen der Einwilligung bei dem Abschluss des Vertrags bekannt war.

§ 110 BGB: Bewirken der Leistung mit eigenen Mitteln
Ein von dem Minderjährigen ohne Zustimmung des gesetzlichen Vertreters geschlossener Vertrag gilt als von Anfang an wirksam, wenn der Minderjährige die vertragsmäßige Leistung mit Mitteln bewirkt, die ihm zu diesem Zweck oder zu freier Verfügung von dem Vertreter oder mit dessen Zustimmung von einem Dritten überlassen worden sind.

§ Werden Sie Sachen los, die Sie nicht mehr wollen

Das Widerrufsrecht

Die neuen Schuhe sahen im Laden so gut aus! Elegant schmiegten sie sich an Ihre Füße und flüsterten Ihnen kleine Komplimente zu. Das Zartviolett stand Ihnen ganz einmalig. Sagte zumindest die Verkäuferin, die Sie auch darin bestärkte, unbedingt noch ein Paar in Mattgelb mitzunehmen: »Man weiß nie, wo Sie die noch brauchen können …«

Aufgeregt zeigen Sie Ihre Neuerwerbungen Ihrer besten Freundin. Deren Urteil ist gleichermaßen *ab*weisend wie *an*weisend:

»Die bringst du *sofort* zurück – die gehen *gar* nicht!«

»Meinst du? Zum Glück habe ich sie noch nicht getragen. Da müssen die sie ja zurücknehmen«, murmeln Sie pflichtbewusst und hoffnungsvoll. Müssen die das wirklich?

Wie wäre die Rechtslage, wenn Sie die Schuhe nicht im Laden, sondern im Internet gekauft hätten?

Sie haben mit dem Schuhgeschäft einen Kaufvertrag geschlossen. Der verpflichtet das Geschäft dazu, Ihnen die Schuhe zu übereignen. Und Sie dazu, die Schuhe abzunehmen und zu bezahlen.

Und dieser Vertrag gilt.

Und gilt.

Und gilt.

Dieser Grundsatz ist so wichtig, dass Juristen ihn – wie alle wichtigen Dinge – liebevoll lateinisch formulieren: »Pacta sunt servanda« – »Verträge sind zu erfüllen«. Wer einmal einen Vertrag geschlossen hat, kann ihn nicht einfach einseitig wieder auflösen, nur weil er es sich anders überlegt hat.

Sonst wäre ja auch die gesamte Idee des Vertrags nichts wert. Dann könnte die Verkäuferin am Abend bei Ihnen klingeln und sagen: »Ich möchte meine Schuhe zurück.« Wenn Sie mit diesen Schuhen gerade zu einem wichtigen Date wollten, hätten Sie Pech gehabt. Umgekehrt wollte vielleicht die Verkäuferin mit dem Geld aus dem Verkauf ein wichtiges Date bezahlen. Auch sie könnte nicht planen, wenn ihre Kunden ihr Geld einfach wieder zurückverlangen könnten.

Anders als viele Leute glauben, gibt es daher kein allgemeines Rücktrittsrecht. Passen Sie also auf, welche Verträge Sie schließen, mündlich oder schriftlich! Nicht immer geht es nur um Schuhe, und ein unüberlegter Vertragsschluss hat schon Menschen ruiniert.

Der Laden braucht die Schuhe also nicht zurückzunehmen. Dass manche das trotzdem tun, ist reiner Kundenservice, auf den Sie sich nicht verlassen sollten.

Von dieser Regel gibt es einige wenige Ausnahmen, bei denen Ihnen der Gesetzgeber ermöglicht, sich die Sache doch noch einmal (anders) zu überlegen.

Eine davon gilt, wenn Sie als Verbraucher(in) – also als Privatperson für Ihre privaten Zwecke – im Versandhandel bestellen. Der Gesetzgeber wollte damit ursprünglich einmal unser Vertrauen in den Versandhandel stärken – wir waren nämlich nicht immer so internetkauffreudig wie heute. Wie im Laden sollen wir die Sachen erst anschauen und anfassen können, bevor wir uns endgültig entscheiden.

Einen solchen »Fernabsatzvertrag« können Sie innerhalb von zwei Wochen widerrufen, nachdem Sie die Ware bekommen haben. Hat das Unternehmen Sie über Ihr Widerrufsrecht nicht richtig informiert, beginnt diese Frist erst, wenn es die Information nachholt. Spätestens aber endet Ihr Widerrufsrecht nach einem Jahr und zwei Wochen.

Für den Widerruf müssen Sie ausdrücklich erklären: »Ich widerrufe den Vertrag.« Es genügt, anders als das früher einmal war, nicht mehr, das Paket nicht abzuholen oder die Ware kommentarlos zurückzuschicken. Sie brauchen Ihren Entschluss aber nicht zu begründen.

Den Widerruf können Sie schriftlich erklären, neuerdings aber auch telefonisch. Doch denken Sie an die Beweislage: Schreiben Sie besser eine E-Mail und bitten Sie darum, den Eingang zu bestätigen. Oder holen Sie einen Zeugen in den Raum, wenn Sie anrufen.

Nach dem Widerruf müssen Sie die Sachen innerhalb von weiteren 14 Tagen zurückschicken. Der Händler muss Ihnen innerhalb dieser Zeit das Geld zurückzahlen. Haben Sie die Ware nicht nur geprüft, sondern richtig benutzt, kann der Händler für die Abnutzung einen Betrag einbehalten, sofern er Sie auf Ihr Widerrufsrecht ordnungsgemäß hingewiesen hatte.

Anders als früher müssen Sie inzwischen die Sachen grundsätzlich auf eigene Kosten zurückschicken. Das soll die Rücksendeprofis unter uns zu ein bisschen mehr Besonnenheit ermuntern. Darauf muss Sie der Händler allerdings vor der Bestellung hinweisen – hat er das verschwitzt, gehen die Kosten doch auf ihn. Natürlich kann der Händler immer noch freiwillig die Rücksendekosten übernehmen.

Und wer trägt die ursprünglichen Versandkosten? Der Händler, wenn Sie sich mit dem Standardversand begnügt haben. Sonst bleiben *Sie* auf den Mehrkosten sitzen. Lassen Sie sich also ganz eilig die Schuhe im Overnight-Express für 60 Euro Zusatzkosten herbeamen und sagen dann: »Och, behalt mal« – dann müssen Sie für Ihre wechselhafte Laune wenigstens den Express-Aufpreis zahlen.

Bei bestimmten Dingen haben Sie kein Widerrufsrecht. Das sind Dinge, bei denen sich selbst der hartgesottenste Verbraucherschützer fragt: Was in aller Welt soll der arme Händler damit noch anfangen? Zum Beispiel:

– Sonderanfertigungen (wie das T-Shirt, das Sie mit einem Foto Ihres nackten Partners bedrucken lassen),
– schnell verderblichen Waren (wie die frischen Erdbeeren, die Sie nach zehn Tagen wieder zurückschicken wollen),
– versiegelte Hygieneartikel, wenn das Siegel geöffnet wurde (wie die aufblasbare Sexpuppe),
– versiegelte DVDs und Videospiele, wenn das Siegel geöffnet wurde (und Sie sich eine Kopie gezogen haben),
– Dinge, die hohen Preisschwankungen unterliegen (wie Aktien, nachdem der Kurs gefallen ist),
– Wett- und Lotteriedienstleistungen (wie der Lottoschein, der sich nach der Ziehung als wenig zielführend erwiesen hat).

Die Lösung in der Abwandlung lautet also: Da Sie im Internet bestellt haben, können Sie den Vertrag innerhalb von 14 Tagen widerrufen. Dann dürfen Sie die Schuhe zurückschicken und bekommen das Geld zurück. Das Porto müssen Sie aber selbst tragen, wenn der Shop Sie vor der Bestellung darauf hingewiesen hat.

Ähnliche Rechte wie im Versandhandel haben Sie bei »außerhalb von Geschäftsräumen geschlossenen Verträgen«, wenn Sie sich also auf der Straße, an Ihrem Arbeitsplatz oder bei einer Kaffeefahrt etwas aufschwatzen lassen.

Auch bei Verträgen über ein »Teilzeit-Wohnrecht« oder ein »langfristiges Urlaubsprodukt« gibt Ihnen das Gesetz die Möglichkeit, nachträglich zur Vernunft zu kommen. Bei diesen Konstruktionen bezahlen Sie Geld dafür, jedes Jahr so

§

und so viele Tage irgendwo umsonst oder zu einem Rabatt übernachten zu können. Schließlich bekommen Sie als Verbraucher auch bei Darlehensverträgen eine zweite Chance.

All das sind Geschäfte, bei denen der Gesetzgeber uns Verbraucher entweder für besonders blöd hält oder die Anbieter für besonders böse. Es sind aber nicht die Verträge, die wir jeden Tag schließen. Vergessen Sie also vor lauter Ausnahmen nicht die Regel:

Wer die Schuhe kauft, hat sie am Bein.

Darauf berufen Sie sich:

§ 312c Bürgerliches Gesetzbuch (BGB): Fernabsatzverträge
(1) Fernabsatzverträge sind Verträge, bei denen der Unternehmer oder eine in seinem Namen oder Auftrag handelnde Person und der Verbraucher für die Vertragsverhandlungen und den Vertragsschluss ausschließlich Fernkommunikationsmittel verwenden, es sei denn, dass der Vertragsschluss nicht im Rahmen eines für den Fernabsatz organisierten Vertriebs- oder Dienstleistungssystems erfolgt.
(2) Fernkommunikationsmittel im Sinne dieses Gesetzes sind alle Kommunikationsmittel, die zur Anbahnung oder zum Abschluss eines Vertrags eingesetzt werden können, ohne dass die Vertragsparteien gleichzeitig körperlich anwesend sind, wie Briefe, Kataloge, Telefonanrufe, Telekopien, E-Mails, über den Mobilfunkdienst versendete Nachrichten (SMS) sowie Rundfunk und Telemedien.

§ 312g BGB: Widerrufsrecht
(1) Dem Verbraucher steht bei außerhalb von Geschäftsräumen geschlossenen Verträgen und bei Fernabsatzverträgen ein Widerrufsrecht gemäß § 355 zu. [...]

§ 355 BGB: Widerrufsrecht bei Verbraucherverträgen
(1) Wird einem Verbraucher durch Gesetz ein Widerrufsrecht nach dieser Vorschrift eingeräumt, so sind der Verbraucher und der Unternehmer an ihre auf

den Abschluss des Vertrags gerichteten Willenserklärungen nicht mehr gebunden, wenn der Verbraucher seine Willenserklärung fristgerecht widerrufen hat. Der Widerruf erfolgt durch Erklärung gegenüber dem Unternehmer. Aus der Erklärung muss der Entschluss des Verbrauchers zum Widerruf des Vertrags eindeutig hervorgehen. Der Widerruf muss keine Begründung enthalten. Zur Fristwahrung genügt die rechtzeitige Absendung des Widerrufs.
(2) Die Widerrufsfrist beträgt 14 Tage. [...]

§ 357 BGB: Rechtsfolgen des Widerrufs von Fernabsatzverträgen
(1) Die empfangenen Leistungen sind spätestens nach 14 Tagen zurückzugewähren.
(2) Der Unternehmer muss auch etwaige Zahlungen des Verbrauchers für die Lieferung zurückgewähren. Dies gilt nicht, soweit dem Verbraucher zusätzliche Kosten entstanden sind, weil er sich für eine andere Art der Lieferung als die vom Unternehmer angebotene günstigste Standardlieferung entschieden hat. [...]
(6) Der Verbraucher trägt die unmittelbaren Kosten der Rücksendung der Waren, wenn der Unternehmer den Verbraucher [...] von dieser Pflicht unterrichtet hat. Satz 1 gilt nicht, wenn der Unternehmer sich bereit erklärt hat, diese Kosten zu tragen. [...]

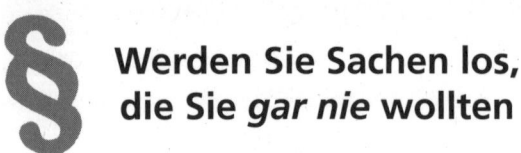

Werden Sie Sachen los, die Sie *gar nie* wollten

Die Anfechtung

Sie sind zum Karneval nach Köln gereist und sitzen hungrig in der Gaststätte »Zum dicken Pitter«. In der rustikal gehaltenen Speisekarte entdecken Sie »Halven Hahn« für 3,40 Euro.

»Toller Deal für ein halbes Hähnchen«, denken Sie, »dafür krieg ich zu Hause nicht mal einen Cappuccino.«

Schon fünf Minuten später setzt der Kellner mit Schwung einen Teller vor Ihrer Nase ab. Darauf befinden sich: eine dicke Scheibe mittelalter Käse, ein Roggenbrötchen und Senf. Und eine winzige Gurke.

Sie stutzen.

»Halllven Hahn hattste bestelllllt!«, erinnert Sie der Kellner ungeduldig.

Und Sie erfahren: Halver Hahn ist im Rheinland der Name für die einheimische Spezialität, die nun vor Ihnen auf dem Teller ruht.

Was können Sie tun?

Natürlich können Sie sich einfach ein Roggenkäsebrötchen mit Senf machen und mit ein paar Kölsch runterspülen. Aber was, wenn Sie das nicht wollen? Immerhin hatten Sie ja aus Ihrer Sicht ein halbes Hähnchen bestellt.

Schauen wir zunächst, ob Sie bekommen können, was Sie wollen: das halbe Hähnchen. Das ist der Fall, wenn Sie mit dem Lokal einen Vertrag über ein halbes Hähnchen zum Preis von 3,40 Euro geschlossen haben. Dann müsste der Kellner, statt selbstherrliche Reden zu schwingen, den Käse wieder mitnehmen und Ihnen das halbe Hähnchen bringen. Das könnten Sie sogar einklagen.

Ein Vertrag kommt, wie Sie wissen, durch zwei »Willenserklärungen« zustande: Angebot und Annahme. Diese Willenserklärungen kann jemand ausdrücklich oder durch »schlüssiges Verhalten« abgeben.

Mit Ihrer Bestellung haben Sie folgende Willenserklärung ausdrücklich abgegeben: »Ich möchte einen Halven Hahn zum Preis von 3,40 Euro.« Der Kellner hat genickt oder gebrummt. Oder er ist in Richtung Küche verschwunden. All das reicht, um Ihre Bestellung durch schlüssiges Verhalten anzunehmen.

Der Vertrag über den Halven Hahn für 3,40 Euro ist damit geschlossen. Sie hatten bei dem Begriff bloß unterschiedliche Dinge im Kopf.

Die entscheidende Frage ist also: Wessen Vorstellung gilt – Ihre oder die des Kellners?

Darauf gibt es eine klare Antwort: Die Erklärung ist immer vom Empfänger aus zu verstehen. Also nicht so, wie sie der Absender gemeint hat – sondern so, wie sie der Empfänger unter den jeweiligen Umständen verstehen durfte.

Und in einem rheinischen Lokal durfte der Kellner davon ausgehen, dass Sie mit Ihrer Äußerung ein Käsebrötchen bestellen. Für sein Nicken oder Brummen hingegen ist *Ihre* Sicht maßgeblich: Das durften Sie in einem Lokal als Annahme Ihrer Bestellung verstehen.

Fazit so weit: Ein halbes Hähnchen können Sie nicht verlangen, denn Sie haben einen Vertrag über das Käsebrötchen geschlossen. Der Kellner kann *Sie* darauf verklagen, ihm den Käse abzunehmen und die 3,40 Euro zu zahlen.

Vielleicht können Sie den Vertrag aber rückgängig machen.

Hier könnte Ihnen ein »Anfechtungsrecht« helfen. Damit kann man eine Willenserklärung oder einen gesamten Vertrag rückgängig machen. Das geht aber nicht einfach so, nur weil Sie es sich anders überlegt haben.

Anfechten können Sie einen Vertrag nur, wenn Sie einen Anfechtungsgrund haben. Davon gibt es nicht viele. Sind Sie zum Beispiel bedroht oder getäuscht worden, können Sie den Vertrag anfechten. Das ist hier aber nicht der Fall.

Ein weiterer Anfechtungsgrund ist der »Erklärungsirrtum«: Sie erklären etwas, das Sie gar nicht erklären wollten – weil Sie sich etwa versprechen oder verschreiben. Zum Beispiel in einem Onlineshop statt »1« iPhone aus Versehen »11« iPhones in den Warenkorb legen und die Bestellung abschicken. Diesen Vertrag können Sie anfechten, denn Sie wollten ja nur einmal die »1«-Taste drücken. Oder wenn Sie statt »Halber Hahn« versehentlich »Halber Schwan« sagen.

Das gilt sogar dann, wenn Sie überhaupt nur aus Versehen etwas bestellen. Berühmt ist der Trierer Weinversteigerungsfall: Ein Tourist besucht in Trier eine Weinversteigerung. Er sieht einen Bekannten und winkt ihm zu. Aus der Sicht des Auktionators hat er damit ein Gebot abgegeben – und zwar blöderweise auch noch das letzte. Er bekommt den Zuschlag für einen teuren Wein.

Den Trierer Weinversteigerungsfall haben Juristen vor über 100 Jahren erfunden, als Beispiel für Jurastudenten. Aber seit es Versteigerungen im Internet gibt, ist er erstaunlich realistisch geworden: Da kommt es nicht selten vor, dass jemand aus Versehen ein Gebot abgibt – zum Beispiel, weil er fälschlich dachte, es käme noch eine Bestätigungsnachfrage, nachdem er auf »Bieten« klickt.

In all diesen Fällen können Sie die Erklärung, die Sie so nicht abgeben wollten, anfechten. Allerdings liegt in unserem Beispielfall kein Erklärungsirrtum vor. Sie haben ja genau gesagt, was Sie sagen wollten: »Einen Halven Hahn, bitte!«

Schauen wir uns daher den zweiten Anfechtungsgrund an, den »Inhaltsirrtum«: Hier sagen Sie zwar, was Sie sagen wollen – *meinen* damit aber etwas anderes, als Ihr Gegenüber aus seiner Sicht verstehen darf. Sie irren sich also über den Inhalt Ihrer eigenen Erklärung.

So ist es in unserem Fall: Bestellt haben Sie Käse, Sie *dachten* aber, Sie hätten ein Hähnchen bestellt.

Ähnlich ist es, wenn Sie sich bei einer Produktbezeichnung vertun: Wenn Sie etwa in einem Elektromarkt den Fernseher »SMArtView MXT-5« bestellen – dabei aber in Wirklichkeit das Modell »SMArtView MXT-5 F« vor Augen haben. In einem lustigen Fall vor dem Landgericht Hanau hatte jemand »25 Gros Rollen WC-Papier« bestellt. Er bekam 3600 Rollen geliefert, denn ein »Gros« ist eine alte Maßeinheit und bedeutet »144 Stück«. Der gute Käufer hatte allerdings geglaubt, er hätte 25 besonders große Rollen WC-Papier bestellt. Auch wenn Sie sich über eine wichtige Eigenschaft der bestellten Sache getäuscht haben, liegt ein Inhaltsirrtum vor.

Haben Sie einen Anfechtungsgrund, gibt Ihnen das Gesetz zwei Möglichkeiten: Sie können es dabei belassen und den Käse oder die elf iPhones oder die 3600 Rollen Klopapier behalten. Vielleicht war es ja ein guter Preis, und Sie können 10 iPhones oder 3575 Rollen Klopapier mit Gewinn weiterverkaufen.

Oder Sie können den Vertrag anfechten. Dazu müssen Sie dem anderen deutlich machen, dass Sie den Vertrag rückgängig machen wollen. Das kann höflich geschehen, indem Sie sagen: »Entschuldigung, ich wollte eigentlich ein halbes Hähnchen.« Oder unhöflich, indem Sie aufstehen und schimpfend aus dem Lokal laufen. Beide Male geben Sie die Erklärung ab: »Ich möchte diesen Vertrag nicht aufrechterhalten.«

Diese Erklärung müssen Sie unverzüglich abgeben, nachdem Sie Ihren Irrtum bemerkt haben. Unverzüglich heißt nicht sofort – sondern so schnell Sie können, in der Sprache des Gesetzes: »ohne schuldhaftes Zögern«. Das ist ein Unterschied: Wenn Sie die elf iPhones geliefert bekommen, vor Schreck erst einmal zwei Wochen ins Koma fallen und dann erst den Vertrag anfechten, war das nicht mehr sofort, aber es war unverzüglich – und damit rechtzeitig. Nur wenn Sie arglistig getäuscht oder bedroht worden sind, haben Sie ein Jahr lang Zeit, nachdem Sie von der Täuschung erfahren haben beziehungsweise die Bedrohung beendet ist.

Schluss ist in allen Fällen nach zehn Jahren: Machen Sie das Paket erst dann auf und merken, was Sie bestellt haben, können Sie den Vertrag auch nicht mehr rückgängig machen, wenn Sie sofort anrufen.

Die Lösung zu unseren Fall lautet also: Sie können den Käse zurückgeben und müssen nicht zahlen, wenn Sie schnell sagen, dass Sie sich bei der Bestellung geirrt haben.

Und im nächsten Kapitel sehen wir, was Sie tun können, wenn Sie den richtigen Vertrag geschlossen haben, aber trotzdem nicht bekommen, was Sie wollen.

Darauf berufen Sie sich:

§ 119 Bürgerliches Gesetzbuch (BGB): Anfechtbarkeit wegen Irrtums
(1) Wer bei der Abgabe einer Willenserklärung über deren Inhalt im Irrtum war oder eine Erklärung dieses Inhalts überhaupt nicht abgeben wollte, kann die Erklärung anfechten, wenn anzunehmen ist, dass er sie bei Kenntnis der Sachlage und bei verständiger Würdigung des Falles nicht abgegeben haben würde.
(2) Als Irrtum über den Inhalt der Erklärung gilt auch der Irrtum über solche Eigenschaften der Person oder der Sache, die im Verkehr als wesentlich angesehen werden.

§ 121 BGB: Anfechtungsfrist
(1) Die Anfechtung muss in den Fällen der §§ 119, 120 ohne schuldhaftes Zögern (unverzüglich) erfolgen, nachdem der Anfechtungsberechtigte von dem

Anfechtungsgrund Kenntnis erlangt hat. Die einem Abwesenden gegenüber erfolgte Anfechtung gilt als rechtzeitig erfolgt, wenn die Anfechtungserklärung unverzüglich abgesendet worden ist.
(2) Die Anfechtung ist ausgeschlossen, wenn seit der Abgabe der Willenserklärung zehn Jahre verstrichen sind.

§ 123 BGB: Anfechtbarkeit wegen Täuschung oder Drohung
(1) Wer zur Abgabe einer Willenserklärung durch arglistige Täuschung oder widerrechtlich durch Drohung bestimmt worden ist, kann die Erklärung anfechten. [...]

§ 124 BGB: Anfechtungsfrist
(1) Die Anfechtung einer nach § 123 anfechtbaren Willenserklärung kann nur binnen Jahresfrist erfolgen.
(2) Die Frist beginnt im Falle der arglistigen Täuschung mit dem Zeitpunkt, in welchem der Anfechtungsberechtigte die Täuschung entdeckt, im Falle der Drohung mit dem Zeitpunkt, in welchem die Zwangslage aufhört. [...]
(3) Die Anfechtung ist ausgeschlossen, wenn seit der Abgabe der Willenserklärung zehn Jahre verstrichen sind.

 # Erfüllen Sie sich Ihre Wünsche

Der Erfüllungsanspruch

In einem Möbelhaus haben Sie einen Esstisch für 499 Euro bestellt – ein echtes Schnäppchen, denn bei der Konkurrenz um die Ecke steht exakt der gleiche Tisch für 800 Euro im Laden.

Laut dem schriftlichem Kaufvertrag soll die Lieferzeit drei Wochen betragen. Als der Tisch nach fünf Wochen noch nicht da ist, fragen Sie nach. Sie hören etwas von »Lieferproblemen« und dass man Ihnen einen neuen Termin noch nicht nennen könne.

Was können Sie tun?

Das Möbelhaus schuldet Ihnen aus dem Kaufvertrag den Esstisch, Sie dem Möbelhaus 499 Euro. Die vereinbarte Lieferzeit ist längst überschritten.

Was, wenn die Hunde nicht liefern?

Sie können Ihren »Erfüllungsanspruch« geltend machen und einklagen. Das Möbelhaus wird dann dazu verurteilt, Ihnen gegen Zahlung von 499 Euro den Tisch zu liefern. Woher es den Tisch bekommt, ist sein Problem – genauso wie es Ihr Problem ist, woher Sie die 499 Euro bekommen.

Eine Ausnahme gilt nur, wenn es jemandem *wirklich* unmöglich ist, eine Pflicht zu erfüllen. Das kann in drei Situationen der Fall sein:

Erstens kann es generell, also für jeden, unmöglich sein, eine bestimmte Leistung zu erbringen. Wäre der Esstisch ein antikes Einzelstück gewesen und nach Vertragsschluss bei einem Brand zerstört worden, könnte Ihnen niemand auf der Welt mehr diesen Tisch liefern. Genauso ist es mit Dingen, die von vornherein unmöglich waren – wenn Sie zum Beispiel mit jemandem einen Vertrag darüber schließen, dass er Sie zum Mars beamt.

Zweitens kann die Leistung nur Ihrem Vertragspartner unmöglich sein. So wäre es, wenn es von dem Esstisch auf dem Markt noch Restexemplare gäbe, aber niemand bereit wäre, eines davon »Ihrem« Möbelhaus zu verkaufen. Dann könnten Ihnen andere den Tisch liefern – Ihrem Möbelhaus wäre das aber unmöglich.

Drittens kann es für den Schuldner einen völlig unangemessenen Aufwand bedeuten, seine Pflicht zu erfüllen. Gäbe es noch ein einziges Restexemplar des Esstischs bei einem Konkurrenten, das der nur für zwei Milliarden Euro an »Ihr« Möbelhaus zu verkaufen bereit wäre, könnte Ihnen das Möbelhaus theoretisch den Tisch besorgen. Der Aufwand dafür wäre aber so absurd, dass man rechtlich auch diesen Fall so behandelt, als wäre die Leistung unmöglich.

In allen drei Fällen wäre es sinnlos, den Tisch einzuklagen. Denn das Möbelhaus kann noch so oft dazu verurteilt werden, Ihnen den Tisch zu liefern – Sie werden ihn nicht bekommen.

Daher gilt der rechtliche Grundsatz: Niemand kann von einem anderen etwas Unmögliches verlangen. Selbst wenn es vereinbart war. Natürlich brauchen Sie dann auch den Kaufpreis nicht zu zahlen – haben Sie schon etwas gezahlt, können Sie es zurückverlangen.

Ist es nun dem Möbelhaus in unserem Fall unmöglich, Ihnen den Tisch zu liefern? Nein! Es kann den Tisch bei der Konkurrenz für 800 Euro kaufen und Ihnen für die vereinbarten 499 Euro liefern. Dass es dabei Verlust macht, ist sein Pech. Der Verlust ist nicht so hoch, dass es für das Möbelhaus völlig unverhältnismäßig wäre, seine Pflicht zu erfüllen.

Bis Sie den Tisch bekommen, können Sie den Kaufpreis zurückbehalten. Sie sollten sich aber während der Wartezeit den Tisch nicht woanders besorgen, denn solange der Kaufvertrag besteht, sind auch Sie daran gebunden: Kommt Ihr Möbelhaus mit dem Tisch um die Ecke, müssen Sie ihn abnehmen und bezahlen.

Dann haben Sie, was Sie wollten, und können zufrieden sein. Deshalb können Sie sich grundsätzlich nicht gleich vom Vertrag lösen, wenn es mal Probleme gibt – geschweige denn, dass der Vertrag deswegen von sich aus hinfällig wäre. Das Gesetz verlangt, dass Sie immer erst versuchen, den Vertrag doch noch durchzuführen.

Nur wenn das nicht klappt, können Sie an andere Möglichkeiten denken – an die »Nichterfüllungsrechte«. Das sind »Rücktritt« und »Schadensersatz«:

Um Klarheit zu schaffen, können Sie dem Möbelhaus eine letzte Frist setzen. Liefert es innerhalb dieser Frist nicht, können Sie vom Vertrag zurücktreten. (Erst) dann wird der Vertrag hinfällig: Sie brauchen nichts mehr zu zahlen und können eine Anzahlung zurückverlangen. Das Möbelhaus braucht nicht mehr zu liefern. Sie können sich getrost woanders umschauen.

Hat Ihr Vertragspartner die Leistung schon eindeutig verweigert, brauchen Sie ihm keine Frist mehr zu setzen und können sofort zurücktreten. Das wäre der Fall, wenn das Möbelhaus Ihnen gesagt hätte: »Den Tisch gibt es nicht mehr, wir werden ihn deshalb nicht mehr liefern.« Hat es in unserem Beispiel aber nicht.

Auch wenn die Leistung zu einem bestimmten Zeitpunkt erfolgen sollte und klar war, dass Sie die Sache danach nicht mehr brauchen können, ist keine Frist mehr nötig: Wird ein

Hochzeitskleid nicht zum Hochzeitstermin geliefert, können Sie gleich zurücktreten. Sie brauchen nicht darauf zu warten, dass Sie es vielleicht bei Ihrer nächsten Hochzeit verwenden können.

Auch in diesen Fällen müssen Sie Ihrem Vertragspartner aber den Rücktritt erklären – sonst bleiben Sie an den Vertrag gebunden.

Können Sie die Sache woanders nur teurer auftreiben, haben Sie einen Schaden. Die Mehrkosten können Sie unter zwei Voraussetzungen von Ihrem vertragsbrüchigen Händler als Schadensersatz verlangen:

Erstens müssen Sie, wie vor einem Rücktritt, Ihrem Vertragspartner erfolglos eine letzte Frist gesetzt haben.

Zweitens muss ihn eine Schuld daran treffen, dass er seine Pflicht nicht erfüllt. Davon ist grundsätzlich auszugehen, denn jeder muss sich darum kümmern, dass er die Pflichten, die er eingeht, auch erfüllen kann. Behauptet Ihr Vertragspartner, dass ihn ausnahmsweise keine Schuld trifft, muss er das beweisen. In unserem Beispielfall wird das Möbelhaus das nicht können: Es müsste sich den Tisch ja nur bei der Konkurrenz um die Ecke besorgen. Daher dürfen Sie selbst den Tisch bei der Konkurrenz kaufen und die Differenz von 301 Euro von »Ihrem« Möbelbaus ersetzt verlangen.

Ist Ihrem Vertragspartner die Leistung (wirklich) unmöglich, funktioniert es ähnlich: Sie können vom Vertrag zurücktreten. Dafür brauchen Sie keine Frist zu setzen, weil ohnehin klar ist, dass Ihr Vertragspartner nicht leisten kann. Zudem können Sie Schadensersatz fordern – es sei denn, Ihr Vertragspartner kann wieder nachweisen, dass ihn ausnahmsweise keine Schuld trifft. Eine solche Ausnahme läge etwa vor, wenn das antike Einzelstück nach Vertragsschluss durch einen Blitzeinschlag auf das Lager zerstört worden wäre. War

§

die Leistung von Anfang an unmöglich, kommt es darauf an, ob der Vertragspartner das hätte wissen müssen: Wer Ihnen verspricht, Sie zum Mars zu beamen, kann nichts dafür, dass das technisch nicht möglich ist – er hätte sich aber vorher darüber informieren müssen.

Für Geldschulden ist man übrigens immer verantwortlich: Hier gibt es rechtlich keine Unmöglichkeit, auch wenn der Schuldner noch so pleite ist. Da gilt der Grundsatz: »Geld hat man zu haben.«

Würden Sie also umgekehrt das Möbelhaus mit der Zahlung hinhalten, weil Sie gerade knapp bei Kasse wären, könnte das Möbelhaus *seinen* Erfüllungsanspruch einklagen. Zahlten Sie innerhalb einer letzten Frist nicht, könnte das Möbelhaus vom Vertrag zurücktreten. Es könnte dann auch Schadensersatz verlangen, wenn es einen Schaden hätte – wenn Sie zum Beispiel umgekehrt zu einem sehr hohen Preis gekauft hätten und das Möbelhaus den Tisch zu diesem Preis nicht anderweitig verkaufen könnte.

Alles funktioniert also in beide Richtungen. Deshalb nennt man den Kaufvertrag auch einen »gegenseitigen Vertrag«.

Manchmal tauchen in einem Fall wie diesem übrigens alte Bekannte auf: Allgemeine Geschäftsbedingungen. Ein »Selbstbelieferungsvorbehalt« im Kleingedruckten ist gegenüber Verbrauchern aber nur gültig, wenn sich das Unternehmen darin selbst zu zwei Dingen verpflichtet: den Kunden unverzüglich zu informieren, wenn die Ware nicht lieferbar ist, und eine Anzahlung unverzüglich zurückzuerstatten. Steht das nicht drin, können Sie die gesamte Klausel streichen. Außerdem müssen die Bedingungen überhaupt Vertragsbestandteil geworden sein – wie man das prüft, wissen Sie ja bereits.

Darauf berufen Sie sich:

§ 311a Bürgerliches Gesetzbuch (BGB): Leistungshindernis bei Vertragsschluss
[…] (2) Der Gläubiger kann nach seiner Wahl Schadensersatz statt der Leistung […] verlangen. Dies gilt nicht, wenn der Schuldner das Leistungshindernis bei Vertragsschluss nicht kannte und seine Unkenntnis auch nicht zu vertreten hat. […]

§ 280 BGB: Schadensersatz wegen Pflichtverletzung
(1) Verletzt der Schuldner eine Pflicht aus dem Schuldverhältnis, so kann der Gläubiger Ersatz des hierdurch entstehenden Schadens verlangen. Dies gilt nicht, wenn der Schuldner die Pflichtverletzung nicht zu vertreten hat. […]

§ 281 BGB: Schadensersatz statt der Leistung wegen nicht oder nicht wie geschuldet erbrachter Leistung
(1) Soweit der Schuldner die fällige Leistung nicht oder nicht wie geschuldet erbringt, kann der Gläubiger unter den Voraussetzungen des § 280 Abs. 1 Schadensersatz statt der Leistung verlangen, wenn er dem Schuldner erfolglos eine angemessene Frist zur Leistung oder Nacherfüllung bestimmt hat. […]
(2) Die Fristsetzung ist entbehrlich, wenn der Schuldner die Leistung ernsthaft und endgültig verweigert oder wenn besondere Umstände vorliegen, die unter Abwägung der beiderseitigen Interessen die sofortige Geltendmachung des Schadensersatzanspruchs rechtfertigen. […]

§ 323 BGB: Rücktritt wegen nicht oder nicht vertragsgemäß erbrachter Leistung
(1) Erbringt bei einem gegenseitigen Vertrag der Schuldner eine fällige Leistung nicht oder nicht vertragsgemäß, so kann der Gläubiger, wenn er dem Schuldner erfolglos eine angemessene Frist zur Leistung oder Nacherfüllung bestimmt hat, vom Vertrag zurücktreten.
(2) Die Fristsetzung ist entbehrlich, wenn
1. der Schuldner die Leistung ernsthaft und endgültig verweigert,
2. der Schuldner die Leistung bis zu einem im Vertrag bestimmten Termin oder innerhalb einer im Vertrag bestimmten Frist nicht bewirkt, obwohl die termin-

oder fristgerechte Leistung nach einer Mitteilung des Gläubigers an den Schuldner vor Vertragsschluss oder aufgrund anderer den Vertragsabschluss begleitenden Umstände für den Gläubiger wesentlich ist, oder

3. im Falle einer nicht vertragsgemäß erbrachten Leistung besondere Umstände vorliegen, die unter Abwägung der beiderseitigen Interessen den sofortigen Rücktritt rechtfertigen. [...]

§ 320 BGB: Einrede des nicht erfüllten Vertrags

(1) Wer aus einem gegenseitigen Vertrag verpflichtet ist, kann die ihm obliegende Leistung bis zur Bewirkung der Gegenleistung verweigern, es sei denn, dass er vorzuleisten verpflichtet ist. [...]

Lassen Sie sich nicht für dumm verkaufen

Der Kauf

Sie haben sich einen neuen Flachbildfernseher gekauft. Mit Ihrer Frau sitzen Sie nun gemütlich auf dem Sofa und freuen sich darauf, mal so richtig flach fernzusehen. Es läuft: Fußball.

»So hab ich mir unseren ersten gemeinsamen Abend in HD-Qualität nicht vorgestellt«, beschwert sich Ihre Frau. »Schalt doch mal um.«

Sie probieren einige Tasten auf der Fernbedienung, besonders diejenigen, die Ihnen bisher dafür bekannt waren, das Programm zu wechseln. Aber: Es läuft immer noch Fußball.

»Du, Schatz, da kommt nichts anderes. Man kann nicht umschalten.« Mal angenommen, das stimmt wirklich: Was denken Sie?

☐ »Hätte ich das gewusst, hätte ich auch glatt das Doppelte für das Gerät bezahlt ...«

☐ »Das flache Ding ist nicht gut für unsere Ehe. Ich will es zurückgeben und mein Geld zurück.«

☐ »Ich will einfach einen ganz normalen Fernseher!«

Zusatzfrage: Was ist, wenn der Händler behauptet, Sie hätten den Fernseher falsch bedient und selbst kaputt gemacht?

Beim Kauf haben Sie Gewährleistungsrechte, wenn die gekaufte Sache einen »Mangel« hat. Den kann sie sich auf verschiedene Weise eingefangen haben.

Zunächst ist entscheidend, was Sie mit dem Händler vereinbart haben. Haben Sie ausdrücklich besprochen, dass Ihr neues Sofa katzenabweisend sein soll, hat es einen Mangel, wenn Ihre Katze es doch schreddert.

Haben Sie nichts Besonderes vereinbart, muss sich die Ware zu dem Zweck eignen, den Sie beim Kauf deutlich gemacht haben. Erklären Sie dem Verkäufer, Sie suchten einen Rasenmäher, um damit Ihren Kindern die Haare zu schneiden, und verkauft er Ihnen daraufhin ein bestimmtes Modell – dann müssen Sie damit auch Ihren Kindern die Haare schneiden *können*. Sonst hat der Rasenmäher einen Mangel.

Wahrscheinlich haben Sie zu dem Fernseher nichts Spezielles besprochen. Dann gilt: Die Sache muss sich zur gewöhnlichen Verwendung eignen und die üblichen Merkmale haben.

Dabei dürfen Sie den Händler auf Werbeversprechen des Herstellers festnageln: Steht auf der Energiesparlampe, dass sie für Ihre 46 Euro eine »Lebensdauer von 10 Jahren« hat, haben Sie Gewährleistungsrechte, wenn die Gute schon nach zehn Wochen das Energiesparen übertreibt und gar nicht mehr leuchtet.

Ansonsten muss das Sofa (nur) zum Sitzen taugen, der Rasenmäher (nur) zum Rasenmähen. Und ein Fernseher zum Fernsehen – und zwar wie üblich auf unterschiedlichen Kanälen, zwischen denen man umschalten kann.

Schließlich ist die Sache auch dann mangelhaft, wenn der Händler sie montieren sollte und das nicht richtig getan hat – oder wenn die Montageanleitung unbrauchbar war. Allerdings können Sie keine Rechte mehr geltend machen, wenn Sie so clever waren und den Kleiderschrank *trotz* falscher Montageanleitung richtig zusammengebaut haben. Die Schlauen bestraft das Gesetz manchmal.

Zwischenergebnis: Ihr Fernseher ist mangelhaft, weil er beim Umschalten hakt.

Welche Rechte haben Sie deswegen?

Im letzten Kapitel hatten wir ja schon gesehen, dass Sie bei Problemen erst versuchen müssen, den Vertrag doch noch wie geplant durchzuführen – hier also einen funktionierenden Fernseher zu bekommen. Dazu können Sie »Nacherfüllung« verlangen, nämlich dass der Händler den Fernseher umtauscht oder repariert. Sie können sich aussuchen, was Sie lieber möchten – der Händler darf das nur verweigern, wenn es für ihn einen ganz unangemessenen Aufwand bedeuten würde.

Den Fernseher zurückgeben können Sie in diesem Stadium noch nicht. Das ist nur fair: Bekommen Sie am Ende, was Sie wollten, gibt es keinen Grund, den Vertrag nicht mehr gelten zu lassen.

Andere Rechte haben Sie daher erst, wenn die Nacherfüllung nicht klappt: Wenn der Händler sie zum Beispiel komplett verweigert. Oder wenn Sie ihm eine Frist gesetzt haben und er Ihnen innerhalb dieser Frist den Fernseher nicht flottmacht. Oder wenn sich aus dem Vertrag ergibt, dass Sie die Sache (nur) zu einem ganz bestimmten Zeitpunkt brauchen und eine Nacherfüllung für Sie keinen Sinn mehr hat – das war die Sache mit dem Hochzeitskleid.

Genauso ist es, wenn der Händler sich zwar bemüht, seine Versuche aber fehlgeschlagen sind: Lässt sich auch der Ersatzfernseher nicht umschalten oder hat der Händler zweimal erfolglos versucht, den Defekt zu reparieren, können Sie zu Recht die Faxen dicke haben.

In diesen Fällen – aber auch erst dann – eröffnen sich neue Möglichkeiten, und zwar »Rücktritt«, »Schadensersatz« und »Minderung«. Sie können vom Vertrag zurücktreten, die Sache zurückgeben und das Geld zurückverlangen. Mit einem Gutschein brauchen Sie sich nicht zufriedenzugeben! Wo-

§

möglich können Sie Schadensersatz verlangen, wenn Sie die Sache woanders nun teurer kaufen müssen – es sei denn, der Händler kann nachweisen, dass ihn keine Schuld trifft, er also den Mangel weder verursacht hat noch erkennen musste.

Sie können aber auch die Sache behalten und den Kaufpreis kürzen, also so viel zurückverlangen, wie die Sache wegen des Mangels weniger wert ist. Und ein Fernseher mit nur einem Programm verliert natürlich einen sehr großen Teil seines *Markt*wertes – selbst wenn *Sie* den Defekt praktisch finden.

Alle diese Rechte haben Sie gegenüber dem Verkäufer. Es *kann* sein, dass Ihnen der Hersteller zusätzlich eine Garantie gegeben hat. Die können Sie in Anspruch nehmen, wenn Sie wollen. Sie brauchen sich aber nicht vom Verkäufer darauf verweisen zu lassen: »Da müssen Sie sich direkt an den Hersteller wenden« oder »Der Hersteller hat die Reparatur abgelehnt« sind häufige Abspeiseversuche, auf die Sie nicht hereinfallen sollten.

Kommen wir zur Zusatzfrage: Was ist, wenn der Verkäufer behauptet, die Sache war in Ordnung, als er sie Ihnen übergeben hat?

In der Tat ist das der entscheidende Zeitpunkt für den Mangel: Auch wenn er sich erst später zeigt, die Sache also erst später ihren Geist aufgibt, muss der Mangel schon bei der Übergabe der Sache vorgelegen haben – etwa in Form eines Materialfehlers. Sonst haben Sie nur Bekanntschaft mit dem ganz normalen Verschleiß gemacht. Und grundsätzlich müssen *Sie* beweisen, dass die Kaufsache bei der Übergabe einen Mangel hatte. Das ist natürlich fast unmöglich.

Wenn Sie als Verbraucher kaufen, also als Privatperson für Ihren privaten Gebrauch, gibt es davon zum Glück eine wichtige Ausnahme. In den ersten sechs Monaten nach der Übergabe gilt eine »Beweislastumkehr«: Zeigt sich in dieser Zeit ein Mangel, muss der Verkäufer *Ihnen* beweisen, dass dieser Mangel zum Zeitpunkt des Kaufs noch *nicht* vorlag. Kann er das nicht, können Sie Ihre Rechte geltend machen. Hierauf können Sie sich bei der Zusatzfrage berufen.

Anders ist es nur, wenn der Mangel selbst etwas anderes erzählt: Kommen Sie nach drei Monaten mit einem Fernseher, der in der Mitte durchgebrochen ist, dann ist es ziemlich unwahrscheinlich, dass Sie diesen Defekt erst jetzt bemerkt haben. Wahrscheinlicher ist, dass Ihnen der Fernseher von der Kommode oder der Wand gefallen ist. In diesem Fall gilt keine Beweislastumkehr zu Ihren Gunsten.

Auch nach den sechs Monaten können Sie Gewährleistungsrechte geltend machen: Bis zu zwei Jahre nach der Lieferung; bei einem Bauwerk haben Sie sogar fünf Jahre Zeit. Nur müssen Sie ab dem siebten Monat selbst beweisen, dass die Sache damals schon eine Macke hatte.

Deshalb gehen so viele Sachen im verflixten siebten Monat kaputt.

Darauf berufen Sie sich:

§ 434 Bürgerliches Gesetzbuch (BGB): Sachmangel
(1) Die Sache ist frei von Sachmängeln, wenn sie bei Gefahrübergang die vereinbarte Beschaffenheit hat. Soweit die Beschaffenheit nicht vereinbart ist, ist die Sache frei von Sachmängeln,
1. wenn sie sich für die nach dem Vertrag vorausgesetzte Verwendung eignet, sonst
2. wenn sie sich für die gewöhnliche Verwendung eignet und eine Beschaffenheit aufweist, die bei Sachen der gleichen Art üblich ist und die der Käufer nach der Art der Sache erwarten kann.
Zu der Beschaffenheit nach Satz 2 Nr. 2 gehören auch Eigenschaften, die der Käufer nach den öffentlichen Äußerungen des Verkäufers, des Herstellers

(§ 4 Abs. 1 und 2 des Produkthaftungsgesetzes) oder seines Gehilfen insbesondere in der Werbung oder bei der Kennzeichnung über bestimmte Eigenschaften der Sache erwarten kann, es sei denn, dass der Verkäufer die Äußerung nicht kannte und auch nicht kennen musste, dass sie im Zeitpunkt des Vertragsschlusses in gleichwertiger Weise berichtigt war oder dass sie die Kaufentscheidung nicht beeinflussen konnte.

(2) Ein Sachmangel ist auch dann gegeben, wenn die vereinbarte Montage durch den Verkäufer oder dessen Erfüllungsgehilfen unsachgemäß durchgeführt worden ist. Ein Sachmangel liegt bei einer zur Montage bestimmten Sache ferner vor, wenn die Montageanleitung mangelhaft ist, es sei denn, die Sache ist fehlerfrei montiert worden. [...]

§ 439 BGB: Nacherfüllung

(1) Der Käufer kann als Nacherfüllung nach seiner Wahl die Beseitigung des Mangels oder die Lieferung einer mangelfreien Sache verlangen.

(2) Der Verkäufer hat die zum Zwecke der Nacherfüllung erforderlichen Aufwendungen, insbesondere Transport-, Wege-, Arbeits- und Materialkosten zu tragen.

(3) Der Verkäufer kann die vom Käufer gewählte Art der Nacherfüllung unbeschadet des § 275 Abs. 2 und 3 verweigern, wenn sie nur mit unverhältnismäßigen Kosten möglich ist. Dabei sind insbesondere der Wert der Sache in mangelfreiem Zustand, die Bedeutung des Mangels und die Frage zu berücksichtigen, ob auf die andere Art der Nacherfüllung ohne erhebliche Nachteile für den Käufer zurückgegriffen werden könnte. [...]

Retten Sie Ihre Frisur

Der Werkvertrag

Sie sind am Wochenende zu einer Uschi-Glas-Motto-Party eingeladen. Dafür gehen Sie extra zum Promi-Friseur in München-Schwabing und erteilen ihm den Auftrag: »Ich möchte eine Frisur wie die von Uschi Glas.«

Als Sie ihm sicherheitshalber ein Foto Ihres Vorbilds in der BUNTEN zeigen wollen, winkt der Friseur wissend ab: »Die Uschi, die kenn i scho. Die hoab i scho in den Siebzigern frisiert.«

Als Sie vier Stunden später nach Hause kommen, sagt Ihr Mitbewohner anerkennend: »Find ich voll mutig, dass du bloß wegen 'ner Party jetzt wochenlang rumläufst wie Thomas Gottschalk.«

Sie schauen in den Spiegel. Tatsächlich sehen Sie mit Ihrer neuen Frisur eher aus wie Thomas Gottschalk als wie Uschi Glas: zu hell und zu lockig. Welche Rechte haben Sie?

Sie haben mit dem Friseur einen »Werkvertrag« geschlossen. Dabei verpflichtet sich ein Unternehmer, gegen Bezahlung ein bestimmtes Ergebnis herbeizuführen – in diesem Fall eine bestimmte Frisur. Auf dieses Ergebnis, das die Juristen »Erfolg« nennen, kommt es an – nicht auf die Arbeitsleistung an sich: Wie der Friseur genau die Frisur hinbekommt, ob er dafür fünf Sekunden oder fünf Stunden braucht, ist (zumindest rechtlich) egal.

Das unterscheidet den Werkvertrag vom »Dienstvertrag«, der einem Arbeitsverhältnis zugrunde liegt: Da kommt es umgekehrt auf die Arbeitsleistung an, nicht aufs Ergebnis. Hat der Friseur eine Angestellte, muss die so und so viele

Stunden im Geschäft anwesend sein und ihre Arbeit machen – wie viele und welche Frisuren dabei herauskommen, ist (zumindest rechtlich) egal.

Ein Werkvertrag kann zum Beispiel zum Gegenstand haben, ein Haus zu bauen, ein Auto zu reparieren, eine Wohnung zu streichen, ein Konzert aufzuführen, eine Strip-Show zu veranstalten, einen Rasen zu mähen oder ein Regal herzustellen. Soll Ihnen jemand eine bewegliche Sache wie das Regal herstellen und liefern, unterscheidet sich der Werkvertrag kaum vom Kaufvertrag, denn irgendwann ist ja alles einmal hergestellt worden. Deshalb gilt in einem solchen Fall das Kaufrecht, wie Sie es aus dem letzten Kapitel kennen.

Für alle anderen Fälle gibt es ein spezielles Werkvertragsrecht. Auch das gibt Ihnen Gewährleistungsrechte, wenn etwas nicht in Ordnung ist, das Werk also einen »Mangel« hat.

Anders als beim Kauf können Sie die sogar drei Jahre lang geltend machen – nur bei Arbeiten an beweglichen Sachen haben Sie bloß zwei Jahre Zeit, bei Bauwerken dafür fünf. Andererseits gibt es hier auch für Verbraucher keine »Beweislastumkehr« wie beim Kauf: Sie müssen den Mangel immer selbst nachweisen.

Wann ein Mangel vorliegt, bestimmt sich ähnlich wie beim Kauf: Zunächst kommt es auf besondere Vereinbarungen an, dann auf die nach dem Vertrag vorausgesetzte Verwendung, ansonsten auf das, was üblich ist.

In unserem Fall haben wir es mit einer vereinbarten Beschaffenheit zu tun: Ihre Frisur sollte aussehen wie die von Uschi Glas. Da sie das nicht tut, hat das Werk des Friseurs einen Mangel.

Welche Rechte gibt Ihnen dieser Mangel?

Aus den letzten beiden Kapiteln kennen Sie schon die

Grundregel: Erst müssen Sie versuchen, den Vertrag doch noch wie geplant durchzuführen.

Auch beim Werkvertrag können Sie dazu eine »Nacherfüllung« verlangen. Die kann darin bestehen, dass der Unternehmer den Fehler ausbessert oder das gesamte Werk noch einmal ordentlich neu macht. Anders als beim Kauf können Sie sich das als Kunde nicht aussuchen – beim Werkvertrag darf der Unternehmer entscheiden. Wäre die Nacherfüllung für den Unternehmer unverhältnismäßig teuer, darf er sie ganz verweigern.

Der Friseur kann also nach seiner Wahl alles herauswaschen und Ihre Haare neu färben und wellen – oder er pinselt und wellt nur etwas nach. Hauptsache, Sie sehen am Ende aus wie Uschi Glas. Dann haben Sie bekommen, was Ihnen zusteht.

Andere Rechte haben Sie auch beim Werkvertrag nur, wenn die Nacherfüllung nicht klappt: Wenn der Unternehmer sie zum Beispiel verweigert oder innerhalb einer ihm gesetzten Frist nicht ausführt. Oder wenn eine Nacherfüllung für Sie aus zeitlichen Gründen keinen Sinn mehr hat. Oder wenn Sie auch nach einem erneuten Besuch bei dem Friseur nicht aussehen wie Uschi Glas. Sondern jetzt wie Tiffy aus der Sesamstraße. Oder wenn Ihnen die Nacherfüllung unzumutbar ist – weil jetzt schon klar ist, *dass* Sie danach aussehen werden wie Tiffy.

Ihre Rechte in diesem Fällen sind zum einen diejenigen, die Sie schon vom Kauf kennen: »Rücktritt«, »Schadensersatz« und »Minderung«. Zum anderen haben Sie beim Werkvertrag auch ein Recht zur »Selbstvornahme«: Sie können den Mangel selbst beseitigen (lassen) und vom Unternehmer die Kosten dafür ersetzt verlangen.

Klappt die Nacherfüllung nicht, können Sie dem Friseur also das Honorar kürzen und schauen, ob es in der Stadt nicht auch eine Thomas-Gottschalk-Party gibt. Sie können aber auch zu einem anderen Friseur gehen, die Sache in Ordnung bringen lassen und die Rechnung dafür dem Promi-Friseur nach Schwabing schicken.

Einzige Ausnahme vom Recht auf Selbstvornahme: Der Unternehmer hatte die Nacherfüllung zu Recht verweigert, weil sie für ihn mit unverhältnismäßigen Kosten verbunden gewesen wäre. Dann können Sie nur vom Vertrag zurücktreten oder den Preis mindern.

Und Vorsicht: Das Recht auf Selbstvornahme gibt es nicht beim Kauf! Haben Sie eine defekte Perücke gekauft und verweigert der Händler die Reparatur, können Sie die Perücke zurückgeben und sich von dem Geld woanders eine neue kaufen. Sie können sie aber nicht auf Kosten des Händlers woanders reparieren lassen.

Trotzdem könnte die Perücke insgesamt die bessere Lösung für die Party sein ...

Darauf berufen Sie sich:

§ 631 Bürgerliches Gesetzbuch (BGB): Vertragstypische Pflichten beim Werkvertrag
(1) Durch den Werkvertrag wird der Unternehmer zur Herstellung des versprochenen Werkes, der Besteller zur Entrichtung der vereinbarten Vergütung verpflichtet.
(2) Gegenstand des Werkvertrags kann sowohl die Herstellung oder Veränderung einer Sache als auch ein anderer durch Arbeit oder Dienstleistung herbeizuführender Erfolg sein.

§ 633 BGB: Sach- und Rechtsmangel
(1) Der Unternehmer hat dem Besteller das Werk frei von Sach- und Rechtsmängeln zu verschaffen.

(2) Das Werk ist frei von Sachmängeln, wenn es die vereinbarte Beschaffenheit hat. Soweit die Beschaffenheit nicht vereinbart ist, ist das Werk frei von Sachmängeln,
1. wenn es sich für die nach dem Vertrag vorausgesetzte, sonst
2. für die gewöhnliche Verwendung eignet und eine Beschaffenheit aufweist, die bei Werken der gleichen Art üblich ist und die der Besteller nach der Art des Werkes erwarten kann. [...]

§ 635 BGB: Nacherfüllung
(1) Verlangt der Besteller Nacherfüllung, so kann der Unternehmer nach seiner Wahl den Mangel beseitigen oder ein neues Werk herstellen. [...]
(3) Der Unternehmer kann die Nacherfüllung unbeschadet des § 275 Abs. 2 und 3 verweigern, wenn sie nur mit unverhältnismäßigen Kosten möglich ist. [...]

§ 637 BGB: Selbstvornahme
(1) Der Besteller kann wegen eines Mangels des Werkes nach erfolglosem Ablauf einer von ihm zur Nacherfüllung bestimmten angemessenen Frist den Mangel selbst beseitigen und Ersatz der erforderlichen Aufwendungen verlangen, wenn nicht der Unternehmer die Nacherfüllung zu Recht verweigert.
(2) § 323 Abs. 2 findet entsprechende Anwendung. Der Bestimmung einer Frist bedarf es auch dann nicht, wenn die Nacherfüllung fehlgeschlagen oder dem Besteller unzumutbar ist.
(3) Der Besteller kann von dem Unternehmer für die zur Beseitigung des Mangels erforderlichen Aufwendungen Vorschuss verlangen.

§ Kürzen Sie die Nebenkosten

Die Betriebskostenabrechnung

Über 500 Euro Nebenkosten sollen Sie für das Jahr 2013 nachzahlen! Und das kurz vor Weihnachten 2014, wo Sie das Geld auch anders brauchen könnten. Auf der Abrechnung stehen unter anderem folgende Positionen:

- Hausverwaltung
- Grundsteuer
- Heizkosten
- Warmwasser
- Zwischenablesung bei Nutzerwechsel
- Müllabfuhr
- Gebäudeversicherung
- Hauswart
- Reparaturen und Instandhaltung

Alle Beträge sind nach der Quadratmeterzahl der Wohnungen aufgeteilt. Die Gesamtfläche des Hauses ist niedriger als im Vorjahr, weil eine Wohnung unvermietet ist und leersteht.
In der Zeitung lesen Sie immer wieder, dass Nebenkostenabrechnungen oft falsch sind. Liegen in Ihrem Fall Fehler vor und – wenn ja – was können Sie dagegen tun?

Wie wäre es, wenn Sie die Nebenkostenabrechnung für 2013 erst im Januar 2015 bekommen hätten?

Verlangt Ihr Vermieter eine Nebenkostennachzahlung, sollten Sie immer erst klären, ob Sie ihm überhaupt Nebenkosten schulden. Denn grundsätzlich muss der Vermieter die laufenden Kosten seines Eigentums, die sogenannten »Betriebskosten«, selbst tragen. Man *kann* vereinbaren, dass der Mieter diese Kosten übernimmt – das müssen Sie aber eben auch nur, wenn es so im Mietvertrag steht. In der Regel ist das der Fall, doch es lohnt sich, nachzuschauen.

Betriebskosten können im Mietvertrag als Pauschale oder als Vorauszahlung ausgewiesen sein. Nur wenn eine Vorauszahlung vereinbart ist, kann es sein, dass Sie etwas nachzahlen müssen. Ist gar nichts vereinbart oder ein Pauschalbetrag, müssen Sie nie etwas nachzahlen. Allerdings bekommen Sie dann auch nie etwas zurück.

Gehen wir hier von dem häufigsten Fall aus, dass in Ihrem Mietvertrag eine Vorauszahlung auf die Betriebskosten vereinbart ist. Auch dann darf der Vermieter längst nicht alles auf Sie umlegen, was in Nebenkostenabrechnungen so auftaucht.

Betriebskosten sind von vornherein nur solche Kosten, die durch den Gebrauch des Gebäudes laufend entstehen. Die Betonung liegt auf »laufend«: Einmalige Ausgaben gehören nicht dazu. Musste ein morscher Baum im Garten gefällt werden, sind die Kosten dafür keine Betriebskosten und haben auf der Nebenkostenabrechnung nichts zu suchen.

Haben Sie in unserem Beispielfall schon etwas entdeckt, das nicht zu den laufenden Kosten gehört? Genau: Die Zwischenablesung, wenn jemand aus- oder einzieht, fällt nur vereinzelt an und gerade nicht laufend. Ihr Vermieter muss sie selbst bezahlen.

Auch von den laufenden Kosten muss der Mieter nur diejenigen tragen, die im Mietvertrag aufgezählt sind. Meist verweist der Mietvertrag auf die »Betriebskostenverordnung«; die nennt vor allem folgende Positionen: Grundsteuer, Wasserversorgung, Entwässerung, Heizung und Warmwasser, Aufzug, Straßenreinigung, Müllabfuhr, Gebäudereinigung, Gartenpflege, Beleuchtung, Schornsteinreinigung, Versicherungen, Hauswart und Antennen- oder Kabelanlage. Auch »sonstige Betriebskosten« darf die Abrechnung enthalten, solange diese Kosten eben regelmäßig anfallen. Die meisten Positionen aus unserem Fall gehen also grundsätzlich in Ordnung.

Was können wir nicht abhaken? Die Kosten für »Hausverwaltung« sowie »Reparaturen und Instandhaltung«! Die können zwar auch laufend entstehen; trotzdem bestimmt das Gesetz ausdrücklich: Verwaltung, Instand*haltung* und Instand*setzung* (Reparaturen) muss der Vermieter selbst bezahlen.

Der Grund: Dafür zahlen *Sie* ja gerade die Miete, dass Ihre Wohnung in Schuss ist. Könnte der Vermieter auch noch die Kosten für Reparaturen und Instandhaltung abwälzen, wäre die Vermietung ein allzu traumhaftes Geschäftsmodell – nur mit Einnahmen und ohne Kosten. So ist es aber nicht: Wird etwa das Treppenhaus neu gestrichen (Instand*haltung*) oder die Heizung repariert (Instand*setzung*), hat das auf der Nebenkostenabrechnung nichts verloren. Oft erledigt der Hausmeister auch Reparaturen im Haus – dann muss der Vermieter die Kosten dafür aus den allgemeinen Hausmeisterkosten herausrechnen und selbst tragen.

Sie dürfen in unserem Fall also auch die Positionen »Verwaltung« sowie »Reparaturen und Instandhaltung« restlos streichen.

Wie sind die verbleibenden Kosten aufzuteilen?

Auch hier kommt es darauf an, was im Mietvertrag steht. Üblich ist, die Kosten nach Quadratmetern oder nach Personen umzulegen. Ist nichts vereinbart, kommt es auf die Wohnfläche an. Ist im Vertrag speziell für die Betriebskostenabrechnung eine bestimmte Wohnfläche vereinbart, muss der Vermieter diese Zahl verwenden. Wo der Verbrauch individuell erfasst wird, zum Beispiel beim Wasser, muss er nach dem unterschiedlichen Verbrauch abrechnen.

Ist in unserem Fall also nichts Besonderes vereinbart, darf Ihr Vermieter die Kosten grundsätzlich nach Quadratmetern aufteilen.

Es gibt aber eine wichtige Ausnahme: Die Kosten für Heizung und Warmwasser müssen zu mindestens 50 Prozent (höchstens 70 Prozent) nach dem erfassten Verbrauch aufgeteilt werden. Sie dürfen nicht vollständig nach Quadratmetern umgelegt werden. Denn wer sparsam heizt und duscht, soll davon auch einen Vorteil haben. Selbst wenn im Vertrag etwas anderes steht, müssen deshalb mindestens 50 Prozent dieser Kosten nach dem abgelesenen Verbrauch verteilt werden. In unserem Fall können Sie also auch monieren, dass die Kosten für Heizung und Warmwasser falsch aufgeteilt sind.

Was hat es mit der veränderten Gesamtfläche des Hauses auf sich? Diese Zahl sollten Sie immer mit der Zahl aus den vorherigen Abrechnungen vergleichen. Hat sich am Gebäude nichts geändert, sind also keine Wohnungen dazugekommen oder abgerissen worden, darf sich auch die Gesamtfläche nicht ändern. Steht eine Wohnung leer, muss der Vermieter die Betriebskosten für diese Wohnung selbst tragen. Auch hier haben wir also einen Fehler.

Insgesamt können Sie damit im Ausgangsfall in folgenden Punkten gegen die Abrechnung protestieren: generell gegen die Kosten für Zwischenablesung, Verwaltung, Reparaturen und Instandhaltung, gegen die Aufteilung der Kosten für

Heizung und Warmwasser sowie gegen die zu niedrige Gesamtfläche wegen der leerstehenden Wohnung.

Dafür haben Sie ein Jahr Zeit. Versäumen Sie diese Frist, können Sie die Fehler in der Abrechnung nicht mehr angreifen.

Auch der Vermieter hat seine Fristen: Er muss die Nebenkosten ebenfalls innerhalb eines Jahres abrechnen, für 2013 also spätestens bis 31. Dezember 2014. Danach kann er keine Nachzahlung mehr verlangen. Sie können aber umgekehrt ein Guthaben zu Ihren Gunsten noch erstattet verlangen! Es lohnt sich also, auch nach dem 31. Dezember auf die Abrechnung zu bestehen – um zu prüfen, zu wessen Gunsten sie so ausfällt. Im Ausgangsfall hat Ihr Vermieter die Frist gerade noch eingehalten.

In der Abwandlung aber nicht: Im Januar 2015 brauchen Sie allein deswegen nichts mehr nachzuzahlen, weil die Abrechnung zu spät kam.

Und im nächsten Kapitel schauen wir uns an, wie Sie bei der Miete noch mehr sparen können.

Darauf berufen Sie sich:

§ 556 Bürgerliches Gesetzbuch (BGB): Vereinbarungen über Betriebskosten
(1) Die Vertragsparteien können vereinbaren, dass der Mieter Betriebskosten trägt. [...]
(3) Über die Vorauszahlungen für Betriebskosten ist jährlich abzurechnen; dabei ist der Grundsatz der Wirtschaftlichkeit zu beachten. Die Abrechnung ist dem Mieter spätestens bis zum Ablauf des zwölften Monats nach Ende des Abrechnungszeitraums mitzuteilen. Nach Ablauf dieser Frist ist die Geltendmachung einer Nachforderung durch den Vermieter ausgeschlossen, es sei denn,

denn, der Vermieter hat die verspätete Geltendmachung nicht zu vertreten. Der Vermieter ist zu Teilabrechnungen nicht verpflichtet. Einwendungen gegen die Abrechnung hat der Mieter dem Vermieter spätestens bis zum Ablauf des zwölften Monats nach Zugang der Abrechnung mitzuteilen. Nach Ablauf dieser Frist kann der Mieter Einwendungen nicht mehr geltend machen, es sei denn, der Mieter hat die verspätete Geltendmachung nicht zu vertreten.

(4) Eine zum Nachteil des Mieters von Absatz 1, Absatz 2 Satz 2 oder Absatz 3 abweichende Vereinbarung ist unwirksam.

§ 556a BGB: Abrechnungsmaßstab für Betriebskosten

(1) Haben die Vertragsparteien nichts anderes vereinbart, sind die Betriebskosten vorbehaltlich anderweitiger Vorschriften nach dem Anteil der Wohnfläche umzulegen. Betriebskosten, die von einem erfassten Verbrauch oder einer erfassten Verursachung durch die Mieter abhängen, sind nach einem Maßstab umzulegen, der dem unterschiedlichen Verbrauch oder der unterschiedlichen Verursachung Rechnung trägt. [...]

§ 1 Verordnung über die Aufstellung von Betriebskosten (BetrKV): Betriebskosten

(1) Betriebskosten sind die Kosten, die [...] laufend entstehen. [...]

(2) Zu den Betriebskosten gehören nicht:

1. die Kosten der zur Verwaltung des Gebäudes erforderlichen Arbeitskräfte und Einrichtungen, die Kosten der Aufsicht, der Wert der vom Vermieter persönlich geleisteten Verwaltungsarbeit, die Kosten für die gesetzlichen oder freiwilligen Prüfungen des Jahresabschlusses und die Kosten für die Geschäftsführung (Verwaltungskosten),

2. die Kosten, die während der Nutzungsdauer zur Erhaltung des bestimmungsmäßigen Gebrauchs aufgewendet werden müssen, um die durch Abnutzung, Alterung und Witterungseinwirkung entstehenden baulichen oder sonstigen Mängel ordnungsgemäß zu beseitigen (Instandhaltungs- und Instandsetzungskosten).

§ 7 Verordnung über Heizkostenabrechnung (HeizkostenV): Verteilung der Kosten der Versorgung mit Wärme

(1) Von den Kosten des Betriebs der zentralen Heizungsanlage sind mindestens 50 vom Hundert, höchstens 70 vom Hundert nach dem erfassten Wärmeverbrauch der Nutzer zu verteilen. [...]

§

 # Wecken Sie Ihre Vermieterin auf

Die Mietminderung

Herrlich, der erste Urlaub in Ihrer neuen Wohnung! Die Miete ist so hoch, dass Sie ihn diesmal zu Hause verbringen. Das soll ja ganz erholsam sein …

Pünktlich um 7 Uhr weckt Sie zunächst sanft etwas Betonstaub auf Ihrer Stirn. Und sofort darauf unsanft ein rhythmisches Wackeln Ihres Betts, ausgelöst durch die pulsierenden Schallwellen eines Presslufthammers.

Wie Sie erfahren, baut Ihre Vermieterin in den nächsten vier Wochen das Dachgeschoss aus. Und wie immer bei Bauarbeiten gilt dabei die einleuchtende Regel: Das Gröbste und Lauteste kann nur zwischen 7 und 8 Uhr erledigt werden.

Was denken Sie?

☐ »Die Wohnung ist wirklich ihr Geld wert, solche Massagebetten sind ja sonst irre teuer.«

☐ »Toll, wenigstens im Urlaub können wir mal ausgelassen Sex haben, ohne dass sich jemand wegen des Lärms beschwert.«

☐ »Wie viel Mietminderung bringt mir das ein?«

Wie ändert sich Ihre Einschätzung, wenn …

1. nicht Ihre Vermieterin das Dachgeschoss ausbaut, sondern der Lärm von einer Baustelle vom Grundstück nebenan kommt?
2. Sie verreist sind und vom Lärm nichts mitbekommen?

Auch der Mietvertrag ist ein »gegenseitiger Vertrag« – es gibt ein Geben und Nehmen, das im fairen Verhältnis zueinander stehen soll. Das Geben ist aus Ihrer Sicht der Preis eines

Kleinwagens, den Sie jedes Jahr auf das Vermieterkonto wandern lassen. Das Nehmen ist die Wohnung, die Sie nutzen dürfen. Und die dafür in einem geeigneten Zustand sein muss – sonst liegt ein »Mietmangel« vor.

Das kann zum einen alles sein, was innerhalb der Wohnung nicht funktioniert: die Dusche, die Heizung, die Rollläden. Oder der Herd, wenn die Küche mitvermietet ist. Oder eine Kakerlakenfamilie, die sich bei Ihnen einnistet, selbst wenn sie sehr höflich ist und nur das isst, was Sie wegwerfen.

Zum anderen können auch Einwirkungen von außen einen Mangel darstellen, wenn die Sie in Ihrer Wohnung beeinträchtigen: Lärm, Schmutz, Gestank. Oder fehlendes Licht, wenn zehn Zentimeter vor Ihrem Fenster plötzlich eine andere Hauswand steht. Oder ein morscher Baum, der Ihnen auf den Balkon zu stürzen droht.

Im Ausgangsfall liegt ein Mangel darin, dass Sie von oben mit Lärm beschallt werden.

Einen Mangel muss der Vermieter grundsätzlich beheben. Die Reparatur können Sie einklagen. Haben Sie den Mangel dem Vermieter gemeldet *und* die Reparatur auch mindestens einmal erfolglos angemahnt, dürfen Sie ihn sogar selbst beheben und die Kosten dem Vermieter in Rechnung stellen.

Nur wenn die Belästigung darauf beruht, dass der Vermieter etwas repariert (zum Beispiel das Dach flickt) oder modernisiert (zum Beispiel die Wasserleitungen erneuert), können Sie nicht fordern, dass er damit aufhört. Diese Beeinträchtigung müssen Sie dulden. Und eine Modernisierung liegt auch vor, wenn neuer Wohnraum entsteht – die Bauarbeiten selbst können Sie in unserem Fall also nicht verhindern.

Solange der Mangel besteht, mindert sich die Miete. Anders als beim Kauf kann es also sein, dass das Problem behoben wird und Sie trotzdem weniger zahlen müssen – für die

Zeit bis dahin. Damit ist die Mietminderung ein hübsches Mittel, auch Ihre Vermieterin einmal unsanft aufzuwecken, wenn sie ihre Pflichten nicht so ernst nimmt. Ihr Recht auf Mietminderung kann in einem Wohnungsmietvertrag nicht ausgeschlossen oder eingeschränkt werden.

Auch die Reparatur- oder Modernisierungsarbeiten, die Sie dulden müssen, mindern die Miete. Einzige Ausnahme sind Bauarbeiten, die zukünftig Energie sparen. Dämmt der Vermieter etwa die Fassade, müssen Sie das nicht nur dulden, sondern können deswegen auch drei Monate lang keine Miete mindern. Eine solche »energetische Modernisierung« liegt in unserem Fall allerdings nicht vor.

Über den Mangel müssen Sie den Vermieter informieren – sonst kann er ihn nicht beheben. Deshalb beginnt auch erst ab diesem Zeitpunkt die Mietminderung. Sie können also nicht jahrelang heimlich kalt duschen, weil das warme Wasser nicht funktioniert, und dann sagen: »Ätsch, jetzt bekomme ich für all die Jahre einen Teil der Miete zurück.«

Es genügt, wenn Sie eine E-Mail schreiben: »Aus meiner Dusche kommt kein warmes Wasser.« Kennt der Vermieter den Mangel schon oder hat er ihn – wie bei der Baustelle im Haus – selbst verursacht, brauchen Sie ihn nicht mehr zu informieren.

Die Mietminderung selbst brauchen Sie weder anzudrohen noch zu erwähnen. Sie tritt automatisch ein, und Sie können Ihre Zahlungen einfach kürzen. Haben Sie im Voraus gezahlt, können Sie Geld zurückverlangen und den Betrag mit der Miete für den nächsten Monat »aufrechnen« – Sie müssen dem Vermieter nur mitteilen, warum er weniger bekommt. Seien Sie aber vorsichtig, wenn es insgesamt um mehr als zwei volle Monatsmieten geht und der Vermieter bestreitet, dass ein Mangel vorliegt: In diesem Fall könnte er Ihnen fristlos kündigen, weil Sie die Miete nicht zahlen. Stellt sich hinterher heraus, dass tatsächlich kein Mangel bestand, sitzen Sie auf der Straße. Beträge in dieser Höhe sollten Sie also nicht eigenmächtig kürzen, sondern verlangen, dass der Vermieter sie Ihnen erstattet.

Wie viel bringt so ein Mietmangel?

Können Sie die Wohnung gar nicht nutzen, weil zum Beispiel im Winter die Heizung komplett ausfällt, schrumpft die Miete auf null. Können Sie die Wohnung eingeschränkt nutzen, mindert sich die Miete um einen bestimmten Anteil. Auch bei nicht so gravierenden Mängeln gibt es eine (kleinere) Mietminderung. Nur für ganz unerhebliche Dinge mindert sich die Miete gar nicht, für den Kratzer in der Abstellkammer zum Beispiel.

Feste Sätze gibt es leider nicht – aber Mietminderungstabellen, die Sie auch im Internet finden. Die enthalten Anhaltspunkte.

Zum Beispiel:

Risse in der Wand:	2 Prozent
Undichte Fenster:	5 Prozent
Warmes Wasser in Küche und Bad dauert sehr lange:	10 Prozent
Rostverfärbtes Leitungswasser:	20 Prozent
Lärmbelästigung durch Diskothek und Gäste vor der Tür:	25 Prozent
Keine Duschmöglichkeit:	33 Prozent
Starker Lärm durch Baustelle im Haus:	50 Prozent
Laute Klopfgeräusche im Schlafzimmer durch die Zentralheizung:	75 Prozent
Schimmel in der gesamten Wohnung:	100 Prozent

§

Diese Sätze beziehen sich auf die Bruttomiete: Auch die Nebenkosten mindern sich also!

Besteht das Problem nur an bestimmten Tagen des Monats, mindert sich die Miete aber anteilig auch nur für diese Tage.

Die Lösung unseres Ausgangsfalls lautet also: Der Lärm stellt einen Mietmangel dar. Da es sich um eine Modernisierung handelt, können Sie nicht verlangen, dass Ihre Vermieterin die Bauarbeiten stoppt. Aber die Miete mindert sich, und zwar ganz automatisch – bis zur Hälfte oder mehr an Tagen, an denen der Lärm wirklich so höllisch ist, sonst entsprechend weniger.

Wie sieht es in Abwandlung 1 aus, wenn der Lärm aus dem Haus nebenan kommt?

Auch wenn ein Vermieter für den Mangel nichts kann, bekommt er weniger Miete. Denn die Mietminderung ist keine Strafe, sondern ein Ausgleich dafür, dass die Mietsache nicht voll gebrauchsfähig ist: Denken Sie an das Geben und Nehmen. Ob Sie also vom Lärm im eigenen Haus aus dem Bett gerissen werden oder von der Baustelle nebenan, ist egal, solange der Lärm laut genug ist und Sie in Ihrer Wohnung beeinträchtigt.

Auch in Abwandlung 1 liegt daher ein Mietmangel vor, und die Miete mindert sich je nachdem, wie laut der Lärm ist.

Was ist, wenn Sie vom Mangel gar nichts mitbekommen, weil Sie den Teil der Wohnung gerade ohnehin nicht nutzen wollten? Wenn also der Balkon erst Anfang Dezember abbricht oder Sie – wie in Abwandlung 2 – während der Bauarbeiten verreist sind?

Probieren wir es mit einer Gegenfrage: Zahlen Sie im Winter weniger Miete, weil Sie den Balkon nicht nutzen? Zahlen Sie keine Miete, während Sie verreist sind? Sehen Sie. Sie zahlen ständig die volle Miete – für die bloße *Möglichkeit*, die Wohnung zu nutzen. Deswegen mindert sich die Miete auch, wenn diese bloße *Möglichkeit* eingeschränkt ist – ganz egal, ob Sie davon konkret Gebrauch machen wollten oder konnten.

Auch in Abwandlung 2 mindert sich daher die Miete wie im Ausgangsfall.

Am besten ist also folgende Strategie: Verreisen Sie während der Bauarbeiten – *und* zahlen weniger Miete. Was Sie auf der Reise beachten sollten, sehen wir im nächsten Kapitel.

Darauf berufen Sie sich:

§ 535 Bürgerliches Gesetzbuch (BGB): Inhalt und Hauptpflichten des Mietvertrags
(1) Durch den Mietvertrag wird der Vermieter verpflichtet, dem Mieter den Gebrauch der Mietsache während der Mietzeit zu gewähren. Der Vermieter hat die Mietsache dem Mieter in einem zum vertragsgemäßen Gebrauch geeigneten Zustand zu überlassen und sie während der Mietzeit in diesem Zustand zu erhalten. [...]
(2) Der Mieter ist verpflichtet, dem Vermieter die vereinbarte Miete zu entrichten.

§ 536 BGB: Mietminderung bei Sach- und Rechtsmängeln
(1) Hat die Mietsache zur Zeit der Überlassung an den Mieter einen Mangel, der ihre Tauglichkeit zum vertragsgemäßen Gebrauch aufhebt, oder entsteht während der Mietzeit ein solcher Mangel, so ist der Mieter für die Zeit, in der die Tauglichkeit aufgehoben ist, von der Entrichtung der Miete befreit. Für die Zeit, während der die Tauglichkeit gemindert ist, hat er nur eine angemessen herabgesetzte Miete zu entrichten. Eine unerhebliche Minderung der Tauglichkeit bleibt außer Betracht.
(1a) Für die Dauer von drei Monaten bleibt eine Minderung der Tauglichkeit außer Betracht, soweit diese aufgrund einer Maßnahme eintritt, die einer energetischen Modernisierung [...] dient. [...]

---

(4) Bei einem Mietverhältnis über Wohnraum ist eine zum Nachteil des Mieters abweichende Vereinbarung unwirksam.

§ 536c BGB: Während der Mietzeit auftretende Mängel; Mängelanzeige durch den Mieter
(1) Zeigt sich im Laufe der Mietzeit ein Mangel der Mietsache oder wird eine Maßnahme zum Schutz der Mietsache gegen eine nicht vorhergesehene Gefahr erforderlich, so hat der Mieter dies dem Vermieter unverzüglich anzuzeigen. [...]
(2) Unterlässt der Mieter die Anzeige, so ist er dem Vermieter zum Ersatz des daraus entstehenden Schadens verpflichtet. Soweit der Vermieter infolge der Unterlassung der Anzeige nicht Abhilfe schaffen konnte, ist der Mieter nicht berechtigt,
1. die in § 536 bestimmten Rechte geltend zu machen [...].

§ 536a BGB: Schadens- und Aufwendungsersatzanspruch des Mieters wegen eines Mangels
[...] (2) Der Mieter kann den Mangel selbst beseitigen und Ersatz der erforderlichen Aufwendungen verlangen, wenn
1. der Vermieter mit der Beseitigung des Mangels in Verzug ist oder
2. die umgehende Beseitigung des Mangels zur Erhaltung oder Wiederherstellung des Bestands der Mietsache notwendig ist.

Schützen Sie sich vor dem Alptraumurlaub

Die Reise

Zwei entspannte Wochen in »einem der schönsten Hotels auf den Kanaren«, »abendliches 5-Gänge-Menü im gemütlichen Restaurant mit freundlichem Tischservice«, »modernes Zimmer mit Meerblick«, »Direktflug ab Frankfurt« – im Prospekt klingt er toll, Ihr gerade gebuchter Urlaub mit der Firma »ReißAus«. Am meisten freuen Sie sich auf den »großzügigen FKK-Strand«.

Dorthin zieht Sie die Neugier auch gleich nach Ihrer Ankunft: Sie fühlen sich so frei, dass Sie schon die paar Meter zum Meer textilfrei zurücklegen. Am Strand wirken Sie dann allerdings etwas ungelenk, denn Sie sind weit und breit der einzige Gast ohne Badebekleidung. Zum Glück sind so viele Mücken dort, dass man Sie kaum sieht. Verärgert eilen Sie zum Hotel zurück, wo der Empfangschef Sie auslacht: Der FKK-Strand sei schon vor Jahren behördlich geschlossen worden.

Als Sie sich beim Abendmenü trösten wollen, erwartet Sie eine Halle mit Selbstbedienungsbuffet, um das sich gut 200 Menschen rangeln.

Und selbst im Bett finden Sie keine Ruhe, denn Ihr Zimmer hat zwar einen herrlichen Meerblick, ist aber direkt über der Animationsfläche, wo heute Abend »Die große ABBA-Show« stattfindet. Bis drei Uhr nachts.

Um fünf Uhr besiegt Ihre Müdigkeit den Ärger.

Wie beschweren Sie sich am nächsten Morgen wirkungsvoll?

Sie haben Glück, denn Sie haben einen Reisevertrag geschlossen! Der gibt Ihnen besondere Rechte.

Das ist nicht selbstverständlich. Nach der Vorstellung des Gesetzgebers beruht nämlich beileibe nicht jede Reise auf einem Reisevertrag. Er liegt nur vor, wenn ein Veranstalter ein Paket aus mindestens zwei Bestandteilen für Sie organisiert und durchführt. Der klassische Fall ist die Pauschalreise mit Flug, Hotel und vielleicht einem Flughafentransfer. Mit der haben wir es hier zu tun. Aber auch eine Busreise mit Musicalbesuch oder ein Schiffsausflug mit Stadtbesichtigung können einen Reisevertrag ausmachen.

Auch beim Reisevertrag haben Sie Gewährleistungsrechte, wenn der Reiseveranstalter eine mangelhafte Reiseleistung erbringt.

Und auch hier kommt es darauf an, was vereinbart war, was zum Beispiel im Katalog stand, auf dem Ihre Buchung beruht. Wurde Ihnen – wie hier – ein »großzügiger FKK-Strand« versprochen, hat die Reise einen Mangel, wenn dieser Strand fehlt. Genauso ist es, wenn das »5-Gänge-Menü im gemütlichen Restaurant mit freundlichem Tischservice« in Wirklichkeit ein Selbstbedienungsschlachtfeld ist.

Wo nichts Besonderes vereinbart ist, dürfen Sie das verlangen, was üblich ist. Haben Sie also umgekehrt ein ganz gewöhnliches Hotel gebucht, das sich vor Ort überraschend als FKK-Hotel herausstellt, ist das ebenso ein Mangel. Denn üblich ist es, dass Menschen in Hotels angezogen sind. Beide Fälle – fehlender FKK-Strand und überraschendes FKK-Hotel – haben sich übrigens wirklich so ereignet und die Gerichte beschäftigt.

Ein Hotel ist nun üblicherweise auch so beschaffen, dass man dort nachts schlafen kann – das ist der vornehmliche Zweck von Hotels. Ist das nicht möglich, weil wie in unserem

Fall nachts lauter Lärm ins Zimmer kommt, hat die Reise einen Mangel.

Umgekehrt heißt das: Was in Ihrem Urlaubsland üblich ist, müssen Sie hinnehmen. In manchen Gegenden müssen Sie sich daher mit vereinzelten Ameisen und Kakerlaken anfreunden. Ein Gericht hat sogar einmal entschieden, dass ein Affenbiss in einem afrikanischen Hotel durchaus üblich sei.

In unserem Beispiel können Sie sich also *nicht* darüber beschweren, dass in einem südlichen Land auch die Mücken abends am Strand mal was trinken gehen wollen. *Die* sind ja immerhin sogar nackt.

Zwischenergebnis: Fehlender FKK-Strand, fehlendes Menü mit Tischservice und die laute nächtliche Musik machen Ihre Reise mangelhaft.

Was können Sie tun?

Sie sollten die Mängel schnell Ihrem Reiseveranstalter melden und ihn auffordern, sie zu beheben. Setzen Sie ihm dafür eine Frist.

Löst er die Probleme innerhalb dieser Frist nicht, dürfen Sie sich selbst helfen und die Kosten vom Reiseveranstalter ersetzt verlangen. Besorgt er Ihnen also in unserem Fall kein ruhiges Ersatzhotel mit FKK-Strand und Tischservice, können Sie sich auf seine Kosten selbst eines suchen und umziehen – vorausgesetzt, Sie finden eines.

In ganz besonders schlimmen Fällen, in denen Ihre Reise so richtig ruiniert ist, können Sie sie sogar kündigen und abbrechen, wenn der Veranstalter die Probleme nicht innerhalb der Frist behebt. In unserem Beispielfall können alle Mängel zusammen durchaus einen solchen besonders schlimmen Fall darstellen.

Kündigen Sie, muss der Reiseveranstalter Sie nach Hause

bringen und Ihnen den Reisepreis zurückzahlen. Er darf nur einen bestimmten Betrag für Leistungen behalten, die er erbracht hat und die einen Wert für Sie hatten. Wird Ihr Hotel zum Beispiel nach der ersten von zwei Urlaubswochen durch ein Feuer verwüstet, können Sie den Vertrag kündigen, wenn der Veranstalter Ihnen kein Ersatzhotel besorgt. Er darf dann aber einen Betrag für die erste Woche und für An- und Abreise behalten. Anders ist es, wenn das Hotel überfüllt ist, Sie auf der Straße stehen und niemand Ihnen hilft. Kündigen Sie hier entnervt und reisen ab, hatten selbst die erbrachten Leistungen wie An- und Abreise für Sie keinen Wert, und Sie können den vollen Reisepreis zurückverlangen.

Auch ohne Kündigung können Sie nach Ihrer Rückkehr womöglich Geld zurückverlangen: Haben Sie den Mangel gemeldet – mit oder ohne Fristsetzung – und wurde er nicht sofort behoben, mindert sich der Reisepreis.

Achten Sie deshalb darauf, dass Sie die Meldung beweisen können: Lassen Sie sich vom Reiseleiter vor Ort schriftlich bestätigen, welche Mängel Sie wann angezeigt haben. Oder schicken Sie dem Veranstalter eine E-Mail oder ein Fax und bewahren Sie den Sendebericht auf. Das ist zwar kein endgültiger Beweis dafür, dass die Nachricht auch angekommen ist – aber besser als nichts.

Wie viel Sie mindern können, hängt davon ab, wie stark Ihre Reise beeinträchtigt war. Einige Anhaltspunkte bietet die »Frankfurter Tabelle« des Landgerichts Frankfurt:

Eintönige Speisekarte:	5 Prozent
Versprochener Balkon fehlt:	5 bis 10 Prozent
Versprochener Meerblick fehlt:	5 bis 10 Prozent
Niedrigere Flugklasse:	10 bis 15 Prozent
Buffet statt Bedienung:	10 bis 15 Prozent
Versprochener FKK-Strand fehlt:	10 bis 15 Prozent
Doppelzimmer statt Einzelzimmer:	20 Prozent
Nächtlicher Lärm:	10 bis 40 Prozent
Ungeziefer:	10 bis 50 Prozent

Für die drei Mängel in unserem Fall kommen wir danach auf eine Minderung von insgesamt 30 bis 70 Prozent, realistisch wird ein Mittelwert von etwa 50 Prozent sein. Und zwar vom gesamten Reisepreis! Hier zeigt sich der Vorteil des Reisevertrags: Hätten Sie Flug und Hotel getrennt gebucht, hätten Sie zwei verschiedene Verträge. Probleme im Hotel könnten Sie nur gegenüber dem Hotel geltend machen, nicht gegenüber der Airline. Denn die hätte ja ihre Leistung – Hin- und Rückflug – ordnungsgemäß erbracht.

Ob der Reiseveranstalter etwas für die Probleme kann, spielt übrigens für alle bisher genannten Rechte keine Rolle. Diese Frage ist nur für einen weiteren Anspruch relevant: den auf Entschädigung für Ihre verschwendete Urlaubszeit. Die können Sie in den ganz besonders schlimmen Fällen verlangen – und zwar zusätzlich zur Minderung. Es ist eine Art »Krankenhaustagegeld« für Ihre Leiden im Urlaub. Hier muss der Reiseveranstalter sich nicht nur mit weniger Honorar zufriedengeben, sondern draufzahlen. So etwas ist ein Schadensersatzanspruch, und der setzt immer ein Verschulden voraus. Allerdings muss der Reiseveranstalter beweisen, wenn ihn keine Schuld trifft.

In unserem Fall wird er das nicht können: Die Firma »ReißAus« hätte die Zustände vor Ort schon früher mit ihrem Katalogtext abgleichen können und müssen – und dafür sorgen, dass beides übereinstimmt. Sie trägt deshalb die Schuld daran, dass die Reise nicht so war wie versprochen.

Die Höhe der Entschädigung hängt unter anderem davon ab, wie schwer die Beeinträchtigung war, wie Sie den Urlaub stattdessen noch verbringen konnten und was die Reise gekostet hat.

Alle Rechte aus dem Reisevertrag haben Sie übrigens gegen den Reiseveranstalter, hier die Firma »ReißAus« – nicht gegen ein Reisebüro, das den Vertrag nur vermittelt hat. Und Sie sollten sich beeilen: Ihre Rechte verfallen, wenn Sie sie nicht spätestens einen Monat nach dem (regulären) Ende Ihrer Reise geltend machen!

Aber die schlaflosen Nächte im Hotel geben Ihnen ja genug Zeit, den Papierkram schon einmal vorzubereiten …

Darauf berufen Sie sich:

§ 651c Bürgerliches Gesetzbuch (BGB): Abhilfe
(1) Der Reiseveranstalter ist verpflichtet, die Reise so zu erbringen, dass sie die zugesicherten Eigenschaften hat und nicht mit Fehlern behaftet ist, die den Wert oder die Tauglichkeit zu dem gewöhnlichen oder nach dem Vertrag vorausgesetzten Nutzen aufheben oder mindern.
(2) Ist die Reise nicht von dieser Beschaffenheit, so kann der Reisende Abhilfe verlangen. Der Reiseveranstalter kann die Abhilfe verweigern, wenn sie einen unverhältnismäßigen Aufwand erfordert.
(3) Leistet der Reiseveranstalter nicht innerhalb einer vom Reisenden bestimmten angemessenen Frist Abhilfe, so kann der Reisende selbst Abhilfe schaffen

und Ersatz der erforderlichen Aufwendungen verlangen. Der Bestimmung einer Frist bedarf es nicht, wenn die Abhilfe von dem Reiseveranstalter verweigert wird oder wenn die sofortige Abhilfe durch ein besonderes Interesse des Reisenden geboten wird.

§ 651d BGB: Minderung
(1) Ist die Reise im Sinne des § 651c Abs. 1 mangelhaft, so mindert sich für die Dauer des Mangels der Reisepreis [...]
(2) Die Minderung tritt nicht ein, soweit es der Reisende schuldhaft unterlässt, den Mangel anzuzeigen.

§ 651e BGB: Kündigung wegen Mangels
(1) Wird die Reise infolge eines Mangels der in § 651c bezeichneten Art erheblich beeinträchtigt, so kann der Reisende den Vertrag kündigen.
(2) Die Kündigung ist erst zulässig, wenn der Reiseveranstalter eine ihm vom Reisenden bestimmte angemessene Frist hat verstreichen lassen, ohne Abhilfe zu leisten. Der Bestimmung einer Frist bedarf es nicht, wenn die Abhilfe unmöglich ist oder vom Reiseveranstalter verweigert wird oder wenn die sofortige Kündigung des Vertrags durch ein besonderes Interesse des Reisenden gerechtfertigt wird.
(3) Wird der Vertrag gekündigt, so verliert der Reiseveranstalter den Anspruch auf den vereinbarten Reisepreis. Er kann jedoch für die bereits erbrachten oder zur Beendigung der Reise noch zu erbringenden Reiseleistungen eine nach § 638 Abs. 3 zu bemessende Entschädigung verlangen. Dies gilt nicht, soweit diese Leistungen infolge der Aufhebung des Vertrags für den Reisenden kein Interesse haben.
(4) Der Reiseveranstalter ist verpflichtet, die infolge der Aufhebung des Vertrags notwendigen Maßnahmen zu treffen, insbesondere, falls der Vertrag die Rückbeförderung umfasste, den Reisenden zurückzubefördern. Die Mehrkosten fallen dem Reiseveranstalter zur Last.

§ 651f BGB: Schadensersatz
(1) Der Reisende kann unbeschadet der Minderung oder der Kündigung Schadensersatz wegen Nichterfüllung verlangen, es sei denn, der Mangel der Reise beruht auf einem Umstand, den der Reiseveranstalter nicht zu vertreten hat.

(2) Wird die Reise vereitelt oder erheblich beeinträchtigt, so kann der Reisende auch wegen nutzlos aufgewendeter Urlaubszeit eine angemessene Entschädigung in Geld verlangen.

Dosieren Sie Ihre Gutmütigkeit richtig

Die Leihe

Ihr Nachbar hat eine neue Flamme und will sie am Wochenende mit einem Ausflug in die Berge beeindrucken. Dafür möchte er sich von Samstagmorgen bis Sonntagabend Ihren Sportwagen leihen. Sie sagen zu – der Arme hatte ja schon lange nichts mehr laufen.

Am Freitagabend erfahren Sie allerdings, dass die neue Flamme *Ihre* 16-jährige Tochter ist. Empört ziehen Sie Ihr Angebot zurück.

Ihr Nachbar meint, Sie seien dazu verpflichtet, ihm den Wagen zu überlassen.

Hat er Recht?

Wie sieht es aus, wenn Ihre Mutter am Freitagabend plötzlich in ein entferntes Krankenhaus muss und Sie Ihr Auto dringend selbst brauchen, um sie zu besuchen?

Angenommen, Sie überlassen Ihrem Nachbarn den Wagen. Unterwegs wird plötzlich ein Ölwechsel fällig. Als Ihr Nachbar den Wagen zurückgibt, präsentiert er Ihnen die Rechnung. Sie verlangen umgekehrt, dass er den Wagen erst mal wieder sauber macht.

Wer kann was vom anderen verlangen?

Eine echte Leihe liegt vor, wenn jemand einen anderen eine Sache nutzen lässt – und zwar kostenlos. Das unterscheidet sie von der Miete: »Leihen« wir uns im Urlaub einen Sonnenschirm für eine »Leihgebühr« von 20 Euro am Tag, ist die »Leihe« nur umgangssprachlich. Rechtlich ist es eine Miete, für die das Mietrecht mit seinen Gewährleistungsrechten gilt. Funktioniert der Sonnenschirm nicht, muss der Vermieter ihn umgehend reparieren, oder die Miete mindert sich.

Wer sich eine Sache leiht, hat solche Gewährleistungsrechte nicht – immerhin zahlt er ja auch nichts dafür. Er darf die Sache benutzen, hat aber keinen Anspruch darauf, dass sie funktioniert. Bleibt das geliehene Auto unterwegs plötzlich stehen, kann Ihr Nachbar also weder von Ihnen verlangen, dass Sie es reparieren, noch kann er irgendetwas mindern. Nur wenn Sie *wussten,* dass das Auto kaputt war, und Ihrem Nachbarn das verschwiegen haben, schulden Sie ihm womöglich Schadensersatz – zum Beispiel für ein Taxi, um wieder nach Hause zu kommen.

Doch die Leihe ist nicht so unverbindlich, wie sie scheint. Auch der Leihvertrag ist ein Vertrag. Durch diesen Vertrag *verpflichtet* sich der Verleiher dazu, den Entleiher die Sache kostenlos nutzen zu lassen. Haben Sie das – wie in unserem Fall – so mit Ihrem Nachbarn vereinbart, müssen Sie ihm Ihr Auto für Samstag und Sonntag geben. Er hat also Recht und kann das sogar einklagen.

Anders wäre es nur, wenn Sie deutlich gemacht hätten, dass es wirklich nur eine Gefälligkeit sein sollte und Sie keinerlei Verpflichtung eingehen wollten – das Auto also jederzeit wieder hätten zurückfordern können. Eine bloße Gefälligkeit kann vorliegen, wenn es dem anderen letztlich egal ist, ob er die Sache bekommt oder plötzlich zurückgeben muss. Davon können wir in unserem Fall aber nicht ausgehen – Ihr Nachbar wollte eher nicht jederzeit auf Ihren Anruf hin seine Tour abbrechen und nach Hause zurückdüsen müssen.

Bei einer echten Leihe muss der Entleiher die Sache erst wieder nach der vereinbarten Zeit zurückgeben. Ist keine Zeit vereinbart, darf er die Sache so lange behalten, bis er sie wie geplant genutzt hat. Leiht sich jemand also ein Buch auf unbestimmte Zeit, muss er es zurückgeben, sobald er es gelesen hat.

Nun kann das ewig dauern – deshalb hilft das Gesetz dem Verleiher: Er kann die Sache auch dann zurückfordern, wenn genügend Zeit verstrichen ist, dass der Entleiher sie hätte nutzen *können*. Das verliehene Buch können Sie also nach zwei, drei Wochen wieder zurückverlangen, denn in dieser Zeit hätte man es jedenfalls lesen *können*.

Nur wenn keine Zeit vereinbart ist *und* sich auch kein bestimmter Gebrauch aus dem Zweck der Leihe ergibt, kann der Verleiher die Sache jederzeit zurückfordern.

In unserem Fall haben Sie allerdings eine Zeit vereinbart – Ihr Nachbar muss den Wagen also erst am Sonntagabend zurückgeben.

Vorzeitig kündigen können Sie einen Leihvertrag nur aus drei Gründen: Erstens, wenn Sie die Sache unvorhergesehen selbst brauchen. Wird also Ihre Mutter plötzlich krank und Sie brauchen Ihr Auto, um sie zu besuchen, können Sie den Vertrag kündigen und das Auto zurückfordern.

Zweitens können Sie vorzeitig kündigen, wenn der Entleiher die Sache anders nutzt als vereinbart: Wenn Ihr Nachbar zum Beispiel statt in die Berge spontan nach Sankt Petersburg durchfährt. Das gilt auch, wenn der Entleiher die Sache einem Dritten überlässt, obwohl das so nicht abgesprochen war. So können Sie zumindest verhindern, dass Ihr Nachbar Ihre Tochter auch noch ans Steuer Ihres Wagens lässt.

Drittens kann der Verleiher kündigen, wenn der Entleiher stirbt – er muss nicht dulden, dass die Erben die geliehene Sache weiter nutzen. Das werden Sie Ihrem Nachbarn nun auch wieder nicht gleich wünschen, selbst wenn er etwas taktlos sein mag.

Außer wenn Ihre Mutter überraschend ins Krankenhaus

kommt, müssen Sie in unserem Fall auf Ihren Wagen also bis Sonntagabend verzichten.

Wie gehen Sie mit der Rechnung für den Ölwechsel um, wenn die beiden endlich wieder zurück sind?

Der Entleiher muss während der Leihe alle Kosten tragen, die normalerweise anfallen, wenn man die Sache benutzt. Das ist bei einem Tier das Futter – und bei einem Auto eben auch mal ein Ölwechsel. Wird der gerade nötig, während Sie Ihr Auto verliehen haben, dann haben Sie Glück. Die Kosten brauchen Sie Ihrem Nachbarn nicht zu erstatten.

Dafür ist der Entleiher umgekehrt nicht für Gebrauchsspuren verantwortlich, die an der Sache dadurch entstehen, dass er sie wie vereinbart nutzt. Ist Ihr Nachbar also wirklich nur brav in den Bergen herumgefahren, können Sie nicht verlangen, dass er Ihr Auto wieder so sauber zurückgibt, wie er es ausgeliehen hatte. Sie müssen es selbst waschen.

Übrigens: Hätte sich Ihr Nachbar von Ihnen statt des Autos zwei Eier für ein Omelett »geliehen«, läge kein Leihvertrag vor. Auch hier ist die »Leihe« nur umgangssprachlich – es ist ja von vornherein klar, dass er *diese* Eier essen und nicht mehr zurückgeben will. Er muss Ihnen stattdessen zwei andere Eier zurückgeben. Rechtlich ist das ein »Sachdarlehen«. Das kann, muss aber nicht unentgeltlich sein. Sie können wie bei einem Gelddarlehen auch Zinsen vereinbaren: Zwei Eier ausgeben, drei zurückfordern.

Darauf berufen Sie sich:

§ 598 Bürgerliches Gesetzbuch (BGB): Vertragstypische Pflichten bei der Leihe
Durch den Leihvertrag wird der Verleiher einer Sache verpflichtet, dem Entleiher den Gebrauch der Sache unentgeltlich zu gestatten.

§ 601 BGB: Verwendungsersatz
(1) Der Entleiher hat die gewöhnlichen Kosten der Erhaltung der geliehenen Sache, bei der Leihe eines Tieres insbesondere die Fütterungskosten, zu tragen. [...]

§ 602 BGB: Abnutzung der Sache
Veränderungen oder Verschlechterungen der geliehenen Sache, die durch den vertragsmäßigen Gebrauch herbeigeführt werden, hat der Entleiher nicht zu vertreten.

§ 604 BGB: Rückgabepflicht
(1) Der Entleiher ist verpflichtet, die geliehene Sache nach dem Ablauf der für die Leihe bestimmten Zeit zurückzugeben.
(2) Ist eine Zeit nicht bestimmt, so ist die Sache zurückzugeben, nachdem der Entleiher den sich aus dem Zweck der Leihe ergebenden Gebrauch gemacht hat. Der Verleiher kann die Sache schon vorher zurückfordern, wenn so viel Zeit verstrichen ist, dass der Entleiher den Gebrauch hätte machen können.
(3) Ist die Dauer der Leihe weder bestimmt noch aus dem Zweck zu entnehmen, so kann der Verleiher die Sache jederzeit zurückfordern. [...]

§ 605 BGB: Kündigungsrecht
Der Verleiher kann die Leihe kündigen:
1. wenn er infolge eines nicht vorhergesehenen Umstandes der verliehenen Sache bedarf,
2. wenn der Entleiher einen vertragswidrigen Gebrauch von der Sache macht, insbesondere unbefugt den Gebrauch einem Dritten überlässt, oder die Sache durch Vernachlässigung der ihm obliegenden Sorgfalt erheblich gefährdet,
3. wenn der Entleiher stirbt.

Durchschauen Sie den Mahnungsbluff

Der Schuldnerverzug

180 Euro hat die Reparatur Ihrer Waschmaschine gekostet – kein Wunder, dass Sie die Rechnung erst mal zur Seite gelegt haben. Und dann vergessen haben ... Zehn Tage später kommt schon die erste Mahnung: mit 36 Euro Mahngebühren!
Was müssen Sie wirklich zahlen?

Wie wäre die Rechtslage, wenn ...
1. Ihr freundlicher Reparaturservice für die Mahnung einen Anwalt oder ein Inkassobüro eingeschaltet hätte?
2. die Mahnung erst nach sechs Wochen käme?
3. es sich bereits um die zweite Mahnung handelte?

Mahnkosten für eine Mahnung klingen zunächst plausibel. Immerhin hatte der Reparaturservice zusätzlichen Aufwand. Doch wenn Sie dieses Buch bis hierher gelesen haben, wissen Sie natürlich: Jeder Anspruch braucht eine Rechtsgrundlage.

Und Sie werden fragen: Wo steht, dass man für Mahnungen Mahnkosten verlangen kann?

Das steht so nämlich nirgendwo.

Das Gesetz kennt nur einen »Verzugsschaden«. Der umfasst auch Kosten, um eine Forderung einzutreiben. Aber eben nur, wenn sich der Schuldner im »Verzug« befindet. Und dieser rechtliche Fachbegriff bedeutet nicht das Gleiche wie bloße Verzögerung.

Für den Verzug brauchen wir zunächst eine fällige Forderung. Fällig sind Forderungen immer sofort, wenn nichts anderes, etwa eine Zahlungsfrist, vereinbart ist. Die Handwerkerrechnung war daher fällig.

Um Verzug eintreten zu lassen, muss der Gläubiger (derjenige, der Geld fordert) dann aber normalerweise – eine Mahnung schicken. Erst *nach* dieser Mahnung tritt der Verzug ein. Und erst ab diesem Zeitpunkt müssen Sie die *weiteren* Kosten tragen, die der andere hat, um seine Forderung einzutreiben, etwa für eine zweite Mahnung. Die erste Mahnung geht also noch auf Kosten des Reparaturservices.

Damit haben wir den Ausgangsfall schon gelöst: Sie brauchen keine Mahngebühren zu zahlen.

Eine Mahnung braucht übrigens weder als »Mahnung« bezeichnet zu sein noch eine Frist zu enthalten. Es reicht jede deutliche Aufforderung, mit der Leistung endlich um die Ecke zu kommen. Sie kann auch per E-Mail oder mündlich erfolgen. Sie darf höflich formuliert sein, sogar in Reimform. So urteilte das Landgericht Frankfurt am Main, dass dieser launige Text Verzug ausgelöst hatte:

> »Der Stand der Kasse zwingt uns doch,
> ein kurz' Gesuch bei Ihnen einzureichen:
> Sie möchten uns, wenn möglich heute noch,
> die unten aufgeführte Schuld begleichen.«

Das Gericht hatte offenbar gerade Zeit und reimte sein Urteil ebenfalls:

> »Auch eine Mahnung in Versen begründet Verzug;
> der Gläubiger muss nur deutlich genug
> darin dem Schuldner sagen,
> das Ausbleiben der Leistung werde Folgen haben.«

Zu höflich darf die Mahnung demnach auch wieder nicht sein. Teilt jemand nur mit, er »sehe der Zahlung entgegen«, reicht das nicht.

Es steht dem Gläubiger natürlich frei, schon für die erste Mahnung ein Anwaltsbüro, ein Inkassounternehmen oder die »Schuldnerbetreuung Moskau« einzuschalten – nur muss er das dann aus eigener Tasche bezahlen.

Auch in Abwandlung 1 könnten Sie die Mahngebühren daher ignorieren.

Wie immer gibt es Ausnahmen: Die wichtigste betrifft Geldforderungen. Hier tritt Verzug automatisch ein, 30 Tage nachdem Sie die Rechnung bekommen haben. Sind Sie Verbraucher – handeln also als Privatperson für Ihre privaten Zwecke –, gilt das aber nur, wenn das Unternehmen Sie in der Rechnung darauf hingewiesen hat! Ein solcher Hinweis fehlt in den meisten Rechnungen. Gehen wir davon aus, dass das auch bei Ihrer Reparaturrechnung so war, müssten Sie in Abwandlung 2, wenn die erste Mahnung nach sechs Wochen käme, ebenfalls keine Mahnkosten zahlen.

Steht ein solcher Hinweis allerdings in der Rechnung, kann das Unternehmen Ihnen nach 30 Tagen die erste Mahnung schicken und dafür dann tatsächlich schon Mahnkosten verlangen.

Die zweite wichtige Ausnahme gilt, wenn für die Zahlung (oder sonstige Leistung) ein konkreter Tag festgelegt war. Dann tritt der Verzug mit diesem Datum automatisch ohne Mahnung ein.

Steht etwa in Ihrem Mietvertrag, dass Sie die Miete am dritten Werktag jedes Monats zahlen müssen, geraten Sie automatisch in Verzug, wenn Sie nicht pünktlich zahlen. Dann kann

Ihr Vermieter am vierten Tag eine Anwältin beauftragen, die Miete einzutreiben – und Sie müssen die Anwältin zahlen.

Das gilt auch, wenn sich das Datum berechnen lässt. Steht in Ihrem Mietvertrag, dass die Nebenkostenabrechnung spätestens einen Monat nach Zugang auszugleichen ist, kommt Ihr Vermieter in Verzug, wenn er ein Guthaben zu Ihren Gunsten innerhalb dieser Zeit nicht auszahlt. Dann können *Sie* sich direkt für die erste Mahnung einen Anwalt nehmen und bekommen von Ihrem Vermieter die Kosten dafür erstattet.

Auch wenn der Schuldner die Leistung schon eindeutig verweigert hat, ist keine Mahnung mehr nötig. Haben Sie dem armen Handwerker also schon bei sich in der Wohnung eine Standpauke gehalten und klargemacht, dass Sie die Rechnung auf keinen Fall zahlen werden, weil Sie Handwerkerrechnungen generell unverschämt finden – dann braucht er Ihnen nicht erst noch eine freundliche Zahlungserinnerung, womöglich in Reimfom, zu schicken, um Sie in Verzug zu setzen.

Übrigens tritt Verzug nicht ein, wenn Sie nachweisen können, dass Sie keine Schuld daran trifft, dass Sie Ihre Pflicht nicht erfüllen. Wenn Sie zum Beispiel im Krankenhaus liegen. Solche Fälle sind aber selten. Insbesondere hilft es Ihnen nicht, dass Sie vielleicht gerade knapp bei Kasse sind: Sie kennen ja bereits den rechtlichen Grundsatz »Geld hat man zu haben« – wer keines hat, ist daran immer selbst schuld.

Sie wissen nun schon, dass Sie in Abwandlung 3, also für die zweite Mahnung, grundsätzlich Mahnkosten zahlen müssten.

Aber wirklich 36 Euro?

Zum Verzugsschaden gehören gegenüber Verbrauchern nur Kosten, die tatsächlich angefallen sind. Mahnkosten sind keine Strafzahlung, die der Gläubiger nach Belieben festsetzen kann.

Hat Ihr Reparaturservice die Mahnung selbst verschickt,

sind ihm nur zusätzliche Kosten für Papier und Porto entstanden – also keine 36 Euro, sondern vielleicht nur drei. Beauftragt er allerdings einen Anwalt oder ein Inkassounternehmen, kann es gleich viel mehr sein. Dann kann Verzug tatsächlich teuer werden.

Während des Verzugs fallen zudem Verzugszinsen an. Die betragen gegenüber Verbrauchern fünf Prozent über dem »Basiszinssatz«, den die Deutsche Bundesbank regelmäßig bekanntgibt. Die gewöhnlichen Zinsen für einen bestimmten Zeitraum können Sie im Internet unter http://basiszinssatz. info ausrechnen. Während dieses Manuskript entsteht, macht das für 180 Euro in zehn Tagen 23 aus – Cent, nicht Euro. Nur wenn der Reparaturservice einen Kredit aufnehmen musste, weil Sie nicht gezahlt haben, müssen Sie die höheren Kreditzinsen erstatten.

Ergebnis zu Abwandlung 3 also: Sie müssten grundsätzlich Mahnkosten zahlen, aber nur in Höhe von gut drei Euro – das ist weit entfernt von den geforderten 36 Euro.

Lassen Sie sich über die Mahngebühr also keine Märchen erzählen. Und wenn Sie selbst mal mit einem säumigen Schuldner zu tun haben: Schalten Sie nicht zu früh einen Anwalt ein. Schicken Sie die erste Mahnung sicherheitshalber immer selbst, am besten per Einschreiben.

Vielleicht möchten Sie ja was reimen.

Darauf berufen Sie sich:

§ 271 Bürgerliches Gesetzbuch (BGB): Leistungszeit
(1) Ist eine Zeit für die Leistung weder bestimmt noch aus den Umständen zu entnehmen, so kann der Gläubiger die Leistung sofort verlangen, der Schuldner sie sofort bewirken. [...]

§ 280 BGB: Schadensersatz wegen Pflichtverletzung
[…] (2) Schadensersatz wegen Verzögerung der Leistung kann der Gläubiger nur unter der zusätzlichen Voraussetzung des § 286 verlangen. […]

§ 286 BGB: Verzug des Schuldners
(1) Leistet der Schuldner auf eine Mahnung des Gläubigers nicht, die nach dem Eintritt der Fälligkeit erfolgt, so kommt er durch die Mahnung in Verzug. Der Mahnung stehen die Erhebung der Klage auf die Leistung sowie die Zustellung eines Mahnbescheids im Mahnverfahren gleich.
(2) Der Mahnung bedarf es nicht, wenn
1. für die Leistung eine Zeit nach dem Kalender bestimmt ist,
2. der Leistung ein Ereignis vorauszugehen hat und eine angemessene Zeit für die Leistung in der Weise bestimmt ist, dass sie sich von dem Ereignis an nach dem Kalender berechnen lässt,
3. der Schuldner die Leistung ernsthaft und endgültig verweigert,
4. aus besonderen Gründen unter Abwägung der beiderseitigen Interessen der sofortige Eintritt des Verzugs gerechtfertigt ist.
(3) Der Schuldner einer Entgeltforderung kommt spätestens in Verzug, wenn er nicht innerhalb von 30 Tagen nach Fälligkeit und Zugang einer Rechnung oder gleichwertigen Zahlungsaufstellung leistet; dies gilt gegenüber einem Schuldner, der Verbraucher ist, nur, wenn auf diese Folgen in der Rechnung oder Zahlungsaufstellung besonders hingewiesen worden ist. […]
(4) Der Schuldner kommt nicht in Verzug, solange die Leistung infolge eines Umstands unterbleibt, den er nicht zu vertreten hat. […]

§ 288 BGB: Verzugszinsen
(1) Eine Geldschuld ist während des Verzugs zu verzinsen. Der Verzugszinssatz beträgt für das Jahr fünf Prozentpunkte über dem Basiszinssatz. […]

Gehen Sie souverän mit Gerichtspost um

Der Mahnbescheid

Diesmal kommt die Post direkt vom Gericht: ein offizieller »Mahnbescheid«. Ihr Handyanbieter fordert darin noch ganze 4 Euro aus einer früheren Rechnung.

Und: Gerichts- und Anwaltskosten in Höhe von 96,26 Euro, insgesamt also 100,26 Euro!

Eine normale Mahnung haben Sie vorher nie bekommen.

Wie sollten Sie reagieren, wenn ...

1. Sie die Rechnung längst vollständig bezahlt haben?
2. aus der drei Wochen alten Rechnung tatsächlich noch 4 Euro offen sind?
3. noch 4 Euro offen sind, die Rechnung schon sechs Wochen alt ist und den Hinweis enthält: »Sie kommen spätestens in Verzug, wenn Sie nicht innerhalb von 30 Tagen ab Zugang dieser Rechnung zahlen.«?

Kommt Post vom Gericht, sollten Sie dieselben Regeln beherzigen wie bei einem Feueralarm: Ruhe bewahren – sich aber auch in Sicherheit bringen.

Ein gerichtlicher Mahnbescheid ist zunächst auch nur eine Mahnung. Allerdings eine, die vom Gericht verschickt ist und auch bereits ein gerichtliches Verfahren in Gang gesetzt hat. Und dieses Verfahren geht seinen Weg – dazu gleich mehr.

Einen Mahnbescheid kann jeder beantragen, der von einem anderen Geld fordert. Er ist leicht zu haben. Man braucht seinen Anspruch nicht in einer umfangreichen Klageschrift zu begründen, sondern muss nur ein Formular ausfüllen: Name und Adresse von sich selbst und dem (angeblichen) Schuldner, Betrag und eine grobe Bezeichnung, woher die Forderung stammen soll, zum Beispiel »Telekommunikationsdienstleistungen«. Das genügt schon, und Sie können alles unter www.mahngerichte.de online ausfüllen. Die Kosten dafür sind viel niedriger als bei einer Klage. Die meisten Schuldner bekommen einen Schreck und zahlen.

Kommt die Forderung berechtigt, ist das auch gut so. Dann hat es allen Beteiligten weitere Arbeit und weitere Kosten erspart.

Perfide kann der Mahnbescheid aber deswegen sein, weil das Gericht genau diese Frage gar nicht prüft: *Ist* die Forderung berechtigt? Das steht auch im Kleingedruckten: »Das Gericht hat nicht geprüft, ob der Anspruch dem Antragsteller zusteht.« Mahnbescheide werden in der Regel maschinell bearbeitet und verschickt – ein echter Mensch hat sich das im Gericht nie angeschaut! Aber weil alles so formell wirkt, denken viele, das Gericht hätte bereits entschieden, dass an der Forderung was dran sei. Vor lauter Angst zahlen sie dann auch mal eine Rechnung, die vielleicht zweifelhaft war.

Lassen Sie sich also nicht ins Bockshorn jagen!

Andererseits darf Post vom Gericht auch kein Anlass zu übertriebener Gelassenheit sein. Bei einer gewöhnlichen Mahnung, die direkt von einem Unternehmen kommt, können Sie sich zurücklehnen, wenn sie unberechtigt ist. Denn will sich das Unternehmen das Geld holen, ist es erst einmal selbst am Zug: Es muss den Betrag einklagen und vor Gericht genau erklären und beweisen, warum Sie das Geld schulden – nicht umgekehrt. *Sie* brauchen sich zunächst nicht aktiv zu wehren.

Kommt die Post aber vom Gericht, gelten andere Regeln. Unternehmen Sie auf eine Klage oder einen Mahnbescheid hin nichts, müssen Sie am Ende womöglich auch eine unberechtigte Forderung zahlen. Bei einer Klage prüft das Gericht zwar immerhin den Inhalt – es darf aber die Behauptungen Ihres Gegners als wahr unterstellen, wenn Sie nicht widersprechen. Das wissen Sie schon aus dem Kapitel über das Beweisrecht.

Wehren Sie sich gegen einen Mahnbescheid nicht, kann der andere einen »Vollstreckungsbescheid« beantragen. Den bekommt man genauso leicht wie den Mahnbescheid – das Gericht prüft auch hier nicht, ob der Anspruch besteht!

Der Vollstreckungsbescheid ist so gefährlich, wie er klingt: Das Handyunternehmen kann Ihnen damit einen Gerichtsvollzieher schicken, und der pfändet Ihnen Ihr Handy aus der Hand weg.

Selbst wenn Sie schon gezahlt haben, das Unternehmen also eindeutig keinen Anspruch gegen Sie hat, sollten Sie sich daher nicht zurücklehnen. Nur wenn Sie sich aktiv wehren, müssen Sie nicht mehrfach zahlen.

Wie wehren Sie sich gegen einen Mahnbescheid?

Sie haben zwei Wochen Zeit, um zu widersprechen. Wegen der »Waffengleichheit« ist das noch einfacher, als den Mahnbescheid zu beantragen: In der Regel ist schon ein Formular dabei, auf dem Sie nur ankreuzen müssen, dass Sie Widerspruch erheben. Das schicken Sie dem Gericht zurück. Sie brauchen nichts zu begründen.

Eine zweite, aber auch letzte Chance bekommen Sie beim Vollstreckungsbescheid: Hiergegen können Sie innerhalb von weiteren zwei Wochen Einspruch einlegen. Verpassen Sie auch das, wird es eng.

Haben Sie sich gegen Mahnbescheid oder Vollstreckungsbescheid gewehrt und beharrt der andere auf der Forderung, beginnt ein normales Klageverfahren. Dann muss das Handyunternehmen genau begründen, warum Sie ihm Geld schulden – und Sie können erläutern, warum Sie das anders sehen. Ob Sie schon gezahlt haben, wird dann in einer Beweisaufnahme geklärt: Legen Sie den Kontoauszug vor, haben Sie nichts zu befürchten.

Die Antwort zu Variante 1 lautet daher: Erheben Sie schnell Widerspruch.

In Variante 2 schulden Sie tatsächlich 4 Euro. Ob Sie auch die happigen Anwalts- und Gerichtskosten für den Mahnbescheid zahlen müssen, können Sie mit Ihrem Wissen aus dem vorherigen Kapitel beantworten: Das müssen Sie nur, wenn Sie sich im Verzug befanden, als der Mahnbescheid kam. Sie haben aber weder vorher eine normale Mahnung bekommen, noch liegt ein Ausnahmefall vor, in dem eine erste Mahnung nicht nötig gewesen wäre. Sie müssen also nur die 4 Euro zahlen, die Kosten für den Mahnbescheid nicht.

Aber auch gegen die Kosten müssen Sie sich aktiv wehren, sonst kommt später der Gerichtsvollzieher und nimmt Ihnen zumindest den Akku aus dem Handy. Dafür gibt es die Möglichkeit, Widerspruch nur »wegen der Kosten« zu erheben. Auch das geht in der Regel mit einem Häkchen auf dem Formular.

Die Antwort zu Variante 2 lautet also: Zahlen Sie schnell die 4 Euro und erheben Sie Widerspruch »wegen der Kosten«.

In Variante 3 liegt einer der Ausnahmefälle aus dem vorherigen Kapitel vor, in dem Sie ohne Mahnung in Verzug geraten: Es handelt sich um eine Geldforderung, Sie haben die Rechnung vor mehr als 30 Tagen bekommen, und sie enthält den Hinweis, dass nach diesem Zeitraum automatisch Verzug eintritt. Daher ist der Mahnbescheid vollständig gerechtfertigt.

Bei Variante 3 müssen Sie also in den sauren Apfel beißen und die gesamten 100,26 Euro zahlen – wenn Sie nicht wollen, dass es noch teurer wird. Die Gerichts- und Anwaltskosten sind leider auch der Höhe nach in Ordnung.

Warum sie so hoch sind und *wie* teuer alles noch werden kann, klären wir im nächsten Kapitel.

Darauf berufen Sie sich:

§ 688 Zivilprozessordnung (ZPO): Zulässigkeit des Mahnverfahrens
(1) Wegen eines Anspruchs, der die Zahlung einer bestimmten Geldsumme in Euro zum Gegenstand hat, ist auf Antrag des Antragstellers ein Mahnbescheid zu erlassen. […]

§ 696 ZPO: Verfahren nach Widerspruch
(1) Wird rechtzeitig Widerspruch erhoben und beantragt eine Partei die Durchführung des streitigen Verfahrens, so gibt das Gericht, das den Mahnbescheid erlassen hat, den Rechtsstreit von Amts wegen an das Gericht ab, das in dem Mahnbescheid gemäß § 692 Abs. 1 Nr. 1 bezeichnet worden ist. […]

§ 699 ZPO: Vollstreckungsbescheid
(1) Auf der Grundlage des Mahnbescheids erlässt das Gericht auf Antrag einen Vollstreckungsbescheid, wenn der Antragsgegner nicht rechtzeitig Widerspruch erhoben hat. […]

Schätzen Sie Ihr Prozessrisiko richtig ein

Die Kosten

> Vor einiger Zeit haben Sie einer Kollegin 100 Euro geliehen, als die ihr Portemonnaie vergessen hatte und sich nach der Arbeit dringend eine neue Zehnerkarte fürs Yoga-Studio kaufen wollte.
>
> Leider hat sie dann einige Wochen lang »vergessen«, Ihnen das Geld zurückzuzahlen. Als Sie sie erst dezent (»100 ist echt so eine faszinierende Zahl, findest du nicht auch?«), dann immer direkter (»Morgen zahlst du mir das Geld zurück, sonst verklag ich dich, dass du nicht mehr aus den Augen schauen kannst!«) daran erinnerten, mussten Sie feststellen: Sie hat es gar nicht »vergessen«. Sondern wirklich vergessen!
>
> Sollten Sie Ihre Drohung wahrmachen?

»Verklag mich doch!«, »Sie hören von meinem Anwalt!«, »Wir sehen uns vor Gericht.« – Oft sind das die letzten Worte eines Gesprächs, das sich hochgeschaukelt hat. Und plötzlich stehen wir vor der Frage: Wie komme ich eigentlich vor Gericht? Wie finde ich einen Anwalt? Und vor allem: Was kostet das, und wer zahlt das?

Eine Anwältin suchen und finden Sie wie einen Friseur auch: Sie können auf die Schilder in Ihrer Nachbarschaft oder auf dem Weg zur Arbeit achten. Oder Sie schlagen in den Gelben Seiten nach oder in einem Verzeichnis im Internet, zum Beispiel vom Deutschen Anwaltverein. Dann rufen Sie in einer Kanzlei an oder schauen dort vorbei und vereinbaren einen Termin für ein Beratungsgespräch.

Und genau wie beim Friseur fragen Sie (hoffentlich) vorher: »Was kostet das?« Für ein bloßes Beratungsgespräch kann man das Honorar nämlich frei vereinbaren. Es lohnt sich daher, verschiedene Kanzleien zu vergleichen. Selbst wenn Sie nichts vereinbaren, darf Sie ein *erstes* Beratungsgespräch auf keinen Fall mehr als 226,10 Euro inklusive Mehrwertsteuer kosten – jedenfalls dann, wenn Sie Verbraucher sind, also als Privatperson mit einem rechtlichen Problem aus Ihrem Privatleben auftauchen. Völlig schockierende Überraschungen sind da ausgeschlossen. Geht das Mandat nach dem Beratungsgespräch weiter, wird Ihnen der Betrag auf die weiteren Kosten angerechnet.

Zum Termin bringen Sie alle Unterlagen mit, die Sie zu dem Fall haben: Verträge, Briefe, E-Mails, vielleicht Ausdrucke der Internetseite des Onlineshops, bei dem Sie bestellt haben, wirklich *alles*. Der Anwalt schaut sich das an und rät Ihnen, wie Sie am besten weiter vorgehen.

Grob gesagt gibt es vier Möglichkeiten: die Sache auf sich beruhen lassen, das Geld außergerichtlich beim Gegner eintreiben, einen Mahnbescheid beantragen oder tatsächlich klagen.

Wird der Anwalt außergerichtlich für Sie tätig, prüft er also Ihren Fall eingehender und wendet sich an den Gegner, fällt eine »Geschäftsgebühr« an. Sie richtet sich nach dem »Gegenstandswert«, also dem Betrag, um den es in dem Fall geht. Bei einem durchschnittlich komplizierten Fall können Sie von diesen Richtwerten ausgehen:

Um so viel geht es	Das kostet der Anwalt, wenn es nicht zum Prozess kommt
500 €	83,54 €
1000 €	147,56 €
1500 €	201,71 €
2000 €	255,85 €
3000 €	334,75 €
4000 €	413,64 €
5000 €	492,54 €
6000 €	571,44 €
7000 €	650,34 €
8000 €	729,23 €
9000 €	808,13 €
10 000 €	887,03 €

Die Liste geht weiter, bei 50 000 Euro betragen die Kosten zum Beispiel 1822,96 Euro, bei 10 Millionen 49 083,81 Euro. Aber die meisten privaten Streitigkeiten bewegen sich eher bis 10 000 Euro und seltener um 10 Millionen.

Die Geschäftsgebühr deckt die gesamte außergerichtliche Tätigkeit ab, ganz egal, ob Sie sich einmal oder zehnmal mit dem Anwalt treffen und ob er Ihrer Kollegin einmal oder zehnmal schreibt.

Die oft verbreitete Aussage, Anwälte ließen sich für jedes Schreiben teuer bezahlen, ist falsch. Weil sich das Honorar nicht nach dem Aufwand, sondern nach dem Gegenstands- wert berechnet, kann ein Anwaltsschreiben einerseits tatsäch-

115

lich teuer sein, wenn es in dem Fall um viel Geld geht. Andererseits kann es sein, dass Ihr Anwalt sich über Jahre hinweg immer wieder mit Ihrer Sache befasst, Ihrer Kollegin vielleicht mehrfach schreibt und dafür insgesamt nur 83,54 Euro bekommt – weil es eben nur um 100 Euro geht.

Warum ist das so? Der Anwalt trägt die Verantwortung für das, was er tut. Macht er einen Fehler, können Sie Schadensersatz verlangen. Sein Haftungsrisiko ist also ganz anders, wenn es um 100 Millionen Euro geht, als wenn es um 100 Euro geht. Deshalb hat ein Schreiben für den Anwalt eine ganz andere Bedeutung, wenn es um 100 Millionen geht. Und deshalb bekommt er in diesem Fall auch ein höheres Honorar.

Ist die Sache besonders schwierig oder besonders einfach, können die Gebühren nach oben oder unten abweichen. Für ein einziges, wirklich sehr einfaches Schreiben in einem wirklich sehr einfachen Fall kann sich das Honorar auf etwa ein Viertel reduzieren.

Außerdem können Sie auch für die außergerichtliche Vertretung individuelle Preise mit der Kanzlei vereinbaren – es ist also immer eine gute Idee, die Kosten vorher anzusprechen. Geht die Sache später vor Gericht, wird Ihnen die Hälfte der Kosten für die außergerichtliche Vertretung auf die weiteren Kosten angerechnet.

Wie Sie sehen, beträgt der niedrigste Gegenstandswert 500 Euro. Streiten Sie sich um vier Euro wie im vorherigen Kapitel, ist das also genauso teuer, wie wenn Sie sich um 500 Euro streiten. Denn einen gewissen Mindestverdienst soll der Anwalt für ein Mandat haben – er kann nicht für 40 Cent arbeiten, bloß weil es nur um 4 Euro geht.

Vereinbaren Sie nichts anderes und wendet sich Ihr Anwalt an Ihre Kollegin und treibt die 100 Euro ein, fällt daher der Mindestsatz von 84,54 Euro an. Aus dem Kapitel über den

Schuldnerverzug wissen Sie, dass Ihre Kollegin Ihnen diese Kosten nur erstatten muss, wenn sie sich im Verzug befindet. Das ist nur der Fall, wenn Sie sie vorher erst selbst gemahnt haben und das im Zweifel auch beweisen können.

Und wenn sie auch auf die Anwaltsschreiben hin nicht zahlt?

Geht es wie hier um Beträge bis 750 Euro, können Sie erst klagen, wenn Sie vorher einen gerichtlichen Mahnbescheid beantragt oder ein Schlichtungsverfahren durchgeführt haben. Für einen Mahnbescheid fallen bei Beträgen bis 500 Euro Gerichts- und Anwaltskosten in Höhe von 96,26 Euro an, bei Beträgen bis 750 Euro kostet er 146,26 Euro. Geht die Sache in eine Klage über, werden Ihnen diese Kosten angerechnet.

Endet die Sache in einer Klage, müssen Sie die Gerichtskosten im Voraus bezahlen, oft auch Ihren eigenen Anwalt. Gewinnen Sie den Prozess, können Sie das Geld vom Gegner zurückverlangen. Verlieren Sie, bleiben Sie nicht nur auf Ihren Kosten sitzen, sondern müssen auch noch den gegnerischen Anwalt bezahlen. (Wichtige Ausnahme: Vor dem Arbeitsgericht trägt in der ersten Instanz jede Partei ihre eigenen Anwaltskosten. Hier sind auch die Gerichtskosten niedriger.)

Für Gerichtskosten und Anwälte auf *beiden* Seiten können Sie insgesamt folgende Werte als Anhaltspunkte nehmen:

Um so viel geht es	Das kostet der Prozess insgesamt
500 €	420,36 €
1000 €	682,60 €
1500 €	944,86 €
2000 €	1207,10 €
3000 €	1567,56 €
4000 €	1928,00 €
5000 €	2288,46 €
6000 €	2648,90 €
7000 €	3009,36 €
8000 €	3369,80 €
9000 €	3730,26 €
10 000 €	4090,70 €

Diese Beträge gelten für einen gewöhnlichen Zivilprozess vor
dem Amts- oder Landgericht in der ersten Instanz mit münd-
licher Verhandlung und Urteil. Nicht immer ist eine mündliche Verhandlung nötig, ohne wird es billiger. Oft ist auch kein
Urteil nötig, weil es zu einem Vergleich kommt, weil der Kläger seine Klage zurücknimmt oder weil die Beklagte die Forderung anerkennt. Auch dann reduzieren sich die Kosten. In
der Regel macht das Gericht vorher deutlich, wie es entscheiden möchte – dann haben alle Beteiligten die Gelegenheit,
darauf zu reagieren und weitere, vielleicht unnötige Kosten
zu vermeiden. Übrigens brauchen Sie vor dem Amtsgericht
nicht unbedingt einen Rechtsanwalt. Dort landen in der Regel
alle Fälle bis 5000 Euro sowie alle Mietstreitigkeiten.

Fazit also in unserem Fall mit den 100 Euro: Ein erster Beratungstermin beim Anwalt kostet so viel, wie Sie mit ihm vereinbaren. Treibt er das Geld außergerichtlich ein, kostet das 83,54 Euro, beantragt er für Sie einen Mahnbescheid, fallen 96,26 Euro an. Ein Klageverfahren kann insgesamt 420,36 Euro kosten.

Das ist ganz schön viel. Verlieren Sie, bekommen Sie Ihre 100 Euro nicht *und* bleiben auf allen Kosten sitzen. Sie sollten sich daher gut überlegen, wie Ihre Erfolgsaussichten sind. Dabei sind generell drei Punkte zu bedenken.

Erstens die Rechtslage: Haben Sie der Kollegin tatsächlich 100 Euro »geliehen« (rechtlich ist das ein Darlehen), die sie noch nicht zurückgezahlt hat?

Zweitens die Beweislage: Können Sie die Tatsachen beweisen, die Sie behaupten? War zum Beispiel noch jemand im Raum, der mitbekommen hat, wie Sie ihr die 100 Euro gegeben haben – und sich daran erinnert? Können Sie das Darlehen nicht beweisen, haben Sie schlechte Karten.

Drittens sollten Sie auch herausfinden, ob Ihr Gegner überhaupt zahlungsfähig ist. Von keinem Gegner kann man mehr holen, als er hat. Ist Ihr Gegner insolvent, nutzt Ihnen das schönste Urteil nichts – Sie können es nicht vollstrecken, bekommen Ihr Geld nicht *und* bleiben zumindest auf den Gerichtskosten und den Kosten für Ihren eigenen Anwalt sitzen. Zwar gilt ein Urteil 30 Jahre lang, und Sie können hoffen, dass Ihr Gegner irgendwann in dieser Zeit noch einmal zu Geld kommt. Trotzdem sollten Sie sich gut überlegen, ob Sie klagen wollen, wenn Sie gerade gehört haben, dass Ihre Kollegin ohnehin völlig überschuldet ist ...

Zeigen Sie der Kollegin doch auch einfach mal die Kalkulation der Prozesskosten. Denn verliert *sie,* muss sie nicht nur die 100 Euro zurückzahlen, sondern schlimmstenfalls auch

noch weitere 420,36 Euro für das Verfahren. Vielleicht hilft das ihrer Erinnerung auf die Sprünge, und Sie brauchen am Ende weder Anwalt noch Gericht …

Darauf berufen Sie sich:

§ 2 Rechtsanwaltsvergütungsgesetz (RVG): Höhe der Vergütung
Die Gebühren werden, soweit dieses Gesetz nichts anderes bestimmt, nach dem Wert berechnet, den der Gegenstand der anwaltlichen Tätigkeit hat (Gegenstandswert). […]

§ 34 RVG: Beratung, Gutachten und Mediation
(1) Für einen mündlichen oder schriftlichen Rat oder eine Auskunft (Beratung), die nicht mit einer anderen gebührenpflichtigen Tätigkeit zusammenhängen, für die Ausarbeitung eines schriftlichen Gutachtens und für die Tätigkeit als Mediator soll der Rechtsanwalt auf eine Gebührenvereinbarung hinwirken […]. Wenn keine Vereinbarung getroffen worden ist, erhält der Rechtsanwalt Gebühren nach den Vorschriften des bürgerlichen Rechts. Ist im Fall des Satzes 2 der Auftraggeber Verbraucher, beträgt die Gebühr für die Beratung oder für die Ausarbeitung eines schriftlichen Gutachtens jeweils höchstens 250 Euro; § 14 Abs. 1 gilt entsprechend; für ein erstes Beratungsgespräch beträgt die Gebühr jedoch höchstens 190 Euro.
(2) Wenn nichts anderes vereinbart ist, ist die Gebühr für die Beratung auf eine Gebühr für eine sonstige Tätigkeit, die mit der Beratung zusammenhängt, anzurechnen.

Halten Sie sich schadlos

Der Schadensersatz

In einem kleinen Park spielen Sie Fußball mit Freunden. Als sich eine Zuschauertraube bildet, bekommen Sie Lust, Ihr Können zu zeigen. Kunstvoll drehen Sie den Ball an – so kunstvoll, dass er sich elegant aus dem Park über die schmale Straße bewegt und das Fenster eines Hauses gegenüber durchbricht.

Die Menge jubelt.

Auf dem Balkon zeigt sich ein aufgebrachter Mensch.

Abwechselnd schreit er Ihnen entgegen: »Das kommt Sie teuer zu stehen!« Und: »Ich zeige Sie an!«

Was haben Sie zu befürchten?

Wie ist die Rechtslage, wenn der Ball hinter dem Fenster auch noch den Herrn selbst getroffen und ihm eine Platzwunde zugefügt hat?

Der aufgebrachte Mensch schaltet trotz seiner Aufgebrachtheit schnell und beleuchtet gleich alle rechtlichen Gesichtspunkte des ihn aufbringenden Ereignisses: Mit »Das kommt Sie teuer zu stehen!« dürfte er die Reparatur meinen, will also andeuten, dass Sie ihm Schadensersatz schulden. Eine Anzeige hingegen bezieht sich auf eine Straftat.

Ob jemand etwas von einem anderen verlangen kann, zum Beispiel Schadensersatz, ist eine zivilrechtliche Frage. Da macht jemand einen Anspruch geltend und *ver*klagt jemanden. Dieser Streit spielt sich zwischen Personen ab, wobei Personen auch Gesellschaften wie eine GmbH sein können.

Ob jemand eine Straftat begangen hat und bestraft wird,

ist eine strafrechtliche Frage. Hier kann man angezeigt oder *an*geklagt werden. Das Strafverfahren spielt sich zwischen dem Staat und einem Bürger ab. Die gängigen Strafen sind Gefängnis- oder Geldstrafe. Auch hier kann es also sein, dass man zahlen muss – allerdings geht dieses Geld nicht an eine andere Person, sondern an den Staat.

Nun kommt es tatsächlich vor, dass dieselbe Handlung einen zivilrechtlichen Anspruch auslöst *und* einen Straftatbestand erfüllt. Dann zahlt man am Ende womöglich doppelt: einmal an die andere Person, um den Schaden auszugleichen, und einmal an den Staat als Strafe dafür, dass man eine Straftat begangen hat. Trotzdem handelt es sich um zwei unterschiedliche Fragen, die in unterschiedlichen Verfahren und nach unterschiedlichen Voraussetzungen geklärt werden.

Betrachten wir zuerst die zivilrechtliche Seite: Wer vorsätzlich oder fahrlässig fremdes Eigentum beschädigt, muss Schadensersatz leisten. Fremdes Eigentum haben Sie dadurch beschädigt, dass Sie mit Ihrem Schuss ein ungünstiges Zusammentreffen von Ball und Fensterscheibe verursacht haben. Vorsätzlich haben Sie das nicht getan.

Fahrlässig handelt jeder, der sich nicht so sorgfältig verhält, wie es in der jeweiligen Situation angebracht gewesen wäre. Das kann zum einen daran liegen, dass Sie gar nicht mitbekommen, dass Sie etwas Gefährliches tun, obwohl Sie das hätten mitbekommen müssen: zum Beispiel ein Stoppschild überfahren, weil Sie es nicht bemerkt haben. Oder in unserem Fall gar nicht gesehen haben, dass Häuser in der Nähe stehen – weil Sie sich nicht umgeschaut haben, wo Sie da eigentlich Ball spielen.

Zum anderen kann es sein, dass Sie die Gefahr zwar erkannt haben, sich dann aber nicht so vorsichtig verhalten, wie es nötig gewesen wäre. Wenn Sie also das Stoppschild sehen, aber nicht richtig anhalten und deshalb mit jemandem zusammenstoßen. Oder wenn Sie in unserem Fall das nahe Haus zwar gesehen, aber bei Ihren Kunststücken nicht ausreichend berücksichtigt haben.

Wie es hier genau war, ist letztlich egal. Fest steht jedenfalls, *dass* Sie fahrlässig gehandelt haben: Wären Sie sorgfältig genug gewesen, hätten Sie das Haus gesehen *und* Ihren Schuss entsprechend angepasst. Denn wir alle haben uns so durchs Leben zu bewegen, dass wir dabei kein fremdes Eigentum beschädigen – sonst handeln wir in aller Regel mindestens fahrlässig.

Damit haben Sie also den Herrn auf dem Balkon nicht nur aufgebracht, sondern sich ihm gegenüber auch schadensersatzpflichtig gemacht.

Das heißt: Sie müssen den Schaden beheben.

Grundsätzlich müssten Sie dafür eine neue Fensterscheibe einbauen. Da trifft es sich gut, wenn Sie zufällig eine Glaserei betreiben. Aber was, wenn nicht?

Dann braucht sich der Herr natürlich nicht damit abzufinden, dass Sie stümperhaft an seinem Fenster herumbasteln. Deshalb kann er von Ihnen auch wahlweise das Geld verlangen, das für die Reparatur notwendig ist. *Ob* er das Geld auch für die Reparatur verwendet, ist seine Sache. Er kann sich auch dafür entscheiden, in Zukunft zugig zu wohnen und sich mit dem Geld lieber blutdrucksenkende Mittel zu kaufen. Kürzen muss er den Reparaturbetrag dann aber um die Mehrwertsteuer, die sonst darin enthalten wäre.

Was ist mit der Strafanzeige?

Sachbeschädigung ist durchaus ein Straftatbestand – aber nur, wenn sie vorsätzlich begangen wird. Fahrlässige Sachbeschädigung ist nicht strafbar. Der Gesetzgeber möchte nicht jeden zum Kriminellen machen, der irgendwo mal aus Versehen ein fremdes Weinglas umstößt.

Im Ausgangsfall müssen Sie also die Scheibe ersetzen, haben aber wegen einer Anzeige nichts zu befürchten. Vielleicht haben Sie sogar eine Haftpflichtversicherung abgeschlossen, die den Schaden trägt.

Wie ist es in der Abwandlung, wenn Ihr Schuss auch den Herrn selbst verletzt hat?

Das Gesetz sieht Schadensersatz natürlich nicht nur dann vor, wenn jemand fremdes Eigentum beschädigt. Sondern zum Beispiel auch, wenn jemand Leben, Körper, Gesundheit oder Freiheit eines anderen verletzt – sofern das vorsätzlich oder fahrlässig geschieht.

In der Abwandlung haben Sie auch eine Körperverletzung begangen – und zwar ebenfalls fahrlässig, denn Sie mussten davon ausgehen, dass sich hinter den Fenstern eines Wohnhauses ein Mensch befindet.

Auch bei der Körperverletzung sieht das Gesetz theoretisch vor, dass Sie den Schaden selbst beheben, hier also die Platzwunde behandeln. Wahrscheinlich wird sich der Herr aber von Ihnen noch nicht einmal dann behandeln lassen wollen, wenn Sie zufällig Ärztin sein sollten. Daher gibt ihm das Gesetz auch hier die Möglichkeit, wahlweise von Ihnen das Geld für die Behandlung zu verlangen. Anders als bei der Sachbeschädigung muss er sich damit aber auch tatsächlich behandeln lassen. Hier kann er nicht kassieren und die Wunde einfach klaffen lassen. Bezahlt seine Krankenversicherung zunächst die Behandlung, kann sie sich das Geld von Ihnen zurückholen.

Neben den Behandlungskosten kann der Herr auch einen entgangenen Gewinn verlangen, wenn er wegen der Verletzung nicht arbeiten kann und dadurch einen Verdienstausfall hat. Zusätzlich steht ihm Schmerzensgeld zu. Insgesamt kann das also teuer werden.

Und auch in Bezug auf die Anzeige ist diese Konstellation für Sie deutlich unerfreulicher: Das Strafgesetzbuch kennt zwar keine fahrlässige Sachbeschädigung, wohl aber eine fahrlässige Körperverletzung. Sie kann bis zu drei Jahre Gefängnis bringen (eine vorsätzliche Körperverletzung bis zu fünf). Deshalb interessiert sich auch die Polizei für einen Verkehrsunfall wesentlich genauer, wenn es Verletzte gab. Denn bei bloßem Sachschaden liegt meist keine Straftat vor, sondern nur eine Ordnungswidrigkeit, weil jemand gegen eine Verkehrsregel verstoßen hat.

Ergebnis: In der Abwandlung droht Ihnen neben Schadensersatz für Fenster und Wunde auch tatsächlich ein Strafverfahren.

Passen Sie also auf beim Fußball und sonst im Leben: Wenn Sie die Wahl haben, beschädigen Sie lieber Sachen als Menschen.

Darauf berufen Sie sich:

§ 823 Bürgerliches Gesetzbuch (BGB): Schadensersatzpflicht
(1) Wer vorsätzlich oder fahrlässig das Leben, den Körper, die Gesundheit, die Freiheit, das Eigentum oder ein sonstiges Recht eines anderen widerrechtlich verletzt, ist dem anderen zum Ersatz des daraus entstehenden Schadens verpflichtet. [...]

§ 249 BGB: Art und Umfang des Schadensersatzes
(1) Wer zum Schadensersatz verpflichtet ist, hat den Zustand herzustellen, der bestehen würde, wenn der zum Ersatz verpflichtende Umstand nicht eingetreten wäre.
(2) Ist wegen Verletzung einer Person oder wegen Beschädigung einer Sache Schadensersatz zu leisten, so kann der Gläubiger statt der Herstellung den dazu erforderlichen Geldbetrag verlangen. Bei der Beschädigung einer Sache

schließt der nach Satz 1 erforderliche Geldbetrag die Umsatzsteuer nur mit ein, wenn und soweit sie tatsächlich angefallen ist.

§ 253 BGB: Immaterieller Schaden
[…] (2) Ist wegen einer Verletzung des Körpers, der Gesundheit, der Freiheit oder der sexuellen Selbstbestimmung Schadensersatz zu leisten, kann auch wegen des Schadens, der nicht Vermögensschaden ist, eine billige Entschädigung in Geld gefordert werden.

§ 229 Strafgesetzbuch (StGB): Fahrlässige Körperverletzung
Wer durch Fahrlässigkeit die Körperverletzung einer anderen Person verursacht, wird mit Freiheitsstrafe bis zu drei Jahren oder mit Geldstrafe bestraft.

Lassen Sie's richtig krachen

Der Verkehrsunfall

Auf einer mehrspurigen Straße fahren Sie entspannt in der Mitte. Plötzlich schneidet Sie ein Vollidiot von rechts und will offenbar links abbiegen.

»Vollidiot!«, schreien Sie noch vor sich hin, aber da ist es schon passiert: Sie sind dem Vollidioten in die Seite gefahren. Beide Fahrzeuge haben einen Blechschaden. Sie steigen beide aus und beschimpfen sich gegenseitig als »Vollidiot«.

Wer kann was von wem verlangen, wenn …

1. sich die näheren Umstände des Unfalls nicht weiter aufklären lassen?
2. aufgrund von Zeugenaussagen feststeht, dass der andere weder geblinkt noch sich richtig eingeordnet noch in den Rückspiegel geschaut hat?
3. aufgrund von Zeugenaussagen feststeht, dass der andere geblinkt und sich richtig eingeordnet, aber nicht in den Rückspiegel geschaut hat?

Zusatzfrage: Welche Schadenspositionen können Sie grundsätzlich bei einem Verkehrsunfall ersetzt verlangen?

Reparaturkosten …

☐ wenn ich den Wagen reparieren lasse
☐ auch wenn ich den Wagen nicht reparieren lasse

☐ Minderwert des Autos
☐ Abschleppkosten
☐ Gutachterkosten

Mietwagenkosten oder Entschädigung für Nutzungsausfall ...
☐ wenn ich den Wagen reparieren lasse
☐ auch wenn ich den Wagen nicht reparieren lasse

Behandlungskosten ...
☐ wenn ich zum Arzt gehe
☐ auch wenn ich nicht zum Arzt gehe

☐ Schmerzensgeld
☐ Verdienstausfall
☐ Anwaltskosten

Das Straßenverkehrsgesetz geht zunächst davon aus, dass alle Autofahrer Vollidioten sind. Denn jeder ist rechtlich dafür verantwortlich, wenn durch sein Fahrzeug ein Mensch oder eine Sache zu Schaden kommt – ganz egal, ob er in der konkreten Situation etwas falsch gemacht hat. Der »Fehler« liegt rechtlich gesehen bereits darin, dass er das Auto überhaupt betreibt.

Denn wer etwas tut, das bereits von sich aus sehr gefährlich ist, soll von vornherein dafür verantwortlich sein, wenn dabei etwas passiert – einfach nur, weil er so etwas Gefährliches tut. Diese »Gefährdungshaftung« gilt zum Beispiel, wenn jemand ein Atomkraftwerk betreibt. Oder eine Fluggesellschaft. Oder ein Tier hält: Beißt Ihr Hamster jemanden, haften Sie dafür auch dann, wenn Sie bestens auf ihn aufgepasst haben.

Und so ist es eben auch beim Kraftfahrzeug: Der Fahrzeughalter haftet für die »Betriebsgefahr«. Das gilt für alle motorisierten Fahrzeuge, die mehr als 20 km/h fahren können, also auch für Mofas und schnelle Elektrorollstühle, aber nicht für einfache Fahrräder und schon gar nicht für Fußgänger. Nur bei höherer Gewalt sind Sie nicht verantwortlich, wenn also Ihr Auto von einer Flutwelle weggetragen wird und dabei gegen ein anderes stößt.

Der Halter muss nicht unbedingt während des Unfalls selbst am Steuer gesessen haben. Ist jemand anderes gefahren, haftet *auch* der Fahrer zunächst einmal für alles – anders als der Halter darf er aber nachweisen, dass er nichts falsch gemacht hat. Dann haftet der Halter allein.

Nehmen wir an, Sie fahren mit Ihrem Auto einen Fußgänger an, ohne dass sich nachweisen lässt, dass einer von Ihnen beiden gegen Verkehrsregeln verstoßen hat: Dann haften Sie trotzdem für den Schaden, weil von Ihrem Auto die Betriebsgefahr ausging.

Das ist der Grundsatz.

»Aber es muss doch einen Unterscheid machen, ob jemand nur ein Vollidiot im Sinne des Gesetzes ist oder ob er sich auch wie ein Vollidiot verhält«, sagen Sie nun.

Das stimmt. Deshalb berücksichtigt das Gesetz *zusätzlich,* wenn jemand gegen Verkehrsregeln verstoßen hat. Das wird dann auf die Betriebsgefahr des Autos draufgerechnet.

So lässt sich für jedes Fahrzeug eine ganz konkrete Betriebsgefahr berechnen. Sie hängt zum einen von Kraft und Größe des Fahrzeugs ab: Ein Lkw hat von sich aus eine höhere Betriebsgefahr als ein Moped. Zum anderen hängt sie eben davon ab, ob und gegen welche Verkehrsregeln der Fahrer verstoßen hat.

Sind mehrere Fahrzeuge an einem Unfall beteiligt, schaut man, wie hoch die Betriebsgefahr nach dieser Rechnung insgesamt bei jedem einzelnen war. Das vergleicht man und bildet eine »Quote«, also das Verhältnis, in dem die Fahrzeughalter untereinander für den Schaden aufkommen müssen.

Dabei kann es sein, dass einer durch Betriebsgefahr plus Fahrfehler insgesamt so viel auf dem Kerbholz hat, dass der Anteil des anderen im Vergleich dazu verschwindend gering ist. Dann haftet der eine ganz allein für den gesamten Schaden.

Kann umgekehrt jemand nachweisen, dass er nicht nur alle Verkehrsregeln eingehalten hat, sondern der Zusammenstoß für ihn unausweichlich war, haftet er gar nicht. Ein solches »unabwendbares Ereignis« liegt vor, wenn Sie auf etwas nicht mehr reagieren konnten, auf das Sie beim besten Willen nicht vorbereitet sein mussten. Weil aber jeder Verkehrsteilnehmer damit rechnen muss, dass andere auch mal Fehler machen, ist es schwierig, ein unabwendbares Ereignis nachzuweisen. Auch wenn Ihr Auto nicht richtig funktioniert, geht das zu Ihren Lasten.

Machen wir es konkret: In Variante 1 unseres Falls sind zwei Fahrzeuge zusammengestoßen, ohne dass sich klären lässt, wer etwas falsch gemacht hat. Es zählt also nur die Betriebsgefahr beider Fahrzeuge. Handelt es sich um vergleichbar große und starke Autos, müsste also welche Quote gelten? Richtig: Jeder kommt zu 50 Prozent für den Schaden des anderen auf.

In Variante 2 hat der andere so ziemlich alles falsch gemacht: nicht geblinkt, nicht geschaut, sich nicht richtig eingeordnet. Haben Sie selbst nichts falsch gemacht, haften Sie nur für die Betriebsgefahr Ihres eigenen Autos – eigentlich. Weil der andere aber so viel falsch gemacht hat, wird Ihre bloße Betriebsgefahr im Vergleich dazu so klein, dass man sie mit bloßem Auge gar nicht mehr sehen kann: In diesem Fall muss der andere Ihren Schaden zu 100 Prozent ersetzen und seinen eigenen selbst tragen.

Zu einem solchen Ergebnis kann ein Gericht auch dann kommen, wenn jemand nur einen einzigen Fahrfehler begangen hat, dafür aber einen richtigen »Klopper«: zum Beispiel eine rote Ampel, die Vorfahrt oder einen Zebrastreifen missachtet hat.

In Variante 3 hat der andere ein bisschen was falsch gemacht: nicht noch mal in den Rückspiegel geschaut. Das ist ein Fehler, aber kein »Klopper«, der alles herumreißt. Auf dem anderen lasten also die Betriebsgefahr seines Autos und ein einfacher Fahrfehler. Auf Ihnen lastet nur die Betriebsgefahr Ihres Autos. In solchen Fällen kommen die Gerichte gern zu einer Quote von 80/20: Der andere muss Ihren Schaden zu 80 Prozent ersetzen, Sie seinen Schaden zu 20 Prozent.

Ähnlich berechnet sich auch die Quote bei einem Zusammenstoß von »hart gegen weich«, also zwischen einem Auto und einem Fußgänger oder einem Radfahrer. Auf der »harten Seite« zählen dann die Betriebsgefahr des Autors plus etwaige Fahrfehler des Autofahrers. Auf der »weichen Seite« zählen nur die Verkehrsverstöße des Fußgängers, denn eine Betriebsgefahr geht von ihm nicht aus. Trotzdem können auch Fußgänger und Radfahrer so atemberaubende Verkehrsverstöße begehen, dass die Betriebsgefahr des Autos dagegen auf null schrumpft. Fährt also ein Radfahrer unbesorgt bei Rot über die Kreuzung, muss er in der Regel auch dann den Schaden zu 100 Prozent tragen, wenn er mit einem Auto zusammenstößt.

Sie sehen: Trotz Betriebsgefahr müssen die wirklichen Trottel am Ende immer noch mehr zahlen als diejenigen, die fahren können. Das bringt Ihr Weltbild hoffentlich wieder in Ordnung. Es lohnt sich doch, sich an Verkehrsregeln zu halten!

Kommen wir nun zur Zusatzfrage: Was können Sie bei einem Verkehrsunfall überhaupt verlangen, *wenn* Sie einen Anspruch auf Schadensersatz haben?

Zunächst natürlich die Reparaturkosten Ihres Autos – und zwar unabhängig davon, ob Sie das Auto tatsächlich reparieren lassen oder nicht. Sie können die Kosten auch schätzen lassen, das Geld kassieren und mit dem beschädigten Auto weiterfahren. Machen Sie solche »fiktiven Reparaturkosten« geltend, müssen Sie bloß die Mehrwertsteuer abziehen, die auf die Reparatur entfallen würde. Die Kosten für das Gutachten gehören auch zum Schaden, ebenso die Abschleppkosten.

Behält Ihr Auto trotz Reparatur eine Wertminderung, bekommen Sie die auch ersetzt.

Die Kosten eines Mietwagens können Sie verlangen, wenn Sie Ihr Auto tatsächlich reparieren lassen und während der Reparatur regelmäßig gebraucht hätten. Verzichten Sie auf den Mietwagen, steht Ihnen eine Entschädigung für den Nutzungsausfall zu.

Wurden Sie verletzt, bekommen Sie die Behandlungskosten ersetzt, wenn Sie sich behandeln lassen. Entgehen Ihnen Einkünfte, weil Sie wegen der Verletzung nicht arbeiten können, bekommen Sie auch die ersetzt. Ein Schmerzensgeld kann Ihnen ebenfalls zustehen.

Grundsätzlich können Sie also alle Positionen aus der Zusatzfrage ersetzt verlangen – die Behandlungskosten aber eben nur, wenn Sie sich wirklich behandeln lassen, die Kosten für Mietwagen oder Nutzungsentschädigung nur, wenn Sie das Auto wirklich reparieren lassen.

Im Einzelfall können noch andere Positionen hinzukommen, die Liste ist nicht abschließend.

All diese Kosten können – und sollten – Sie direkt gegenüber der Haftpflichtversicherung des anderen geltend machen. Zum Glück gehören auch die Anwaltskosten in aller Regel zu den Schäden, die Sie ersetzt bekommen. Sie brauchen die Arbeit also nicht allein zu machen …

Darauf berufen Sie sich:

§ 7 Straßenverkehrsgesetz (StVG): Haftung des Halters
(1) Wird bei dem Betrieb eines Kraftfahrzeugs oder eines Anhängers, der dazu bestimmt ist, von einem Kraftfahrzeug mitgeführt zu werden, ein Mensch getötet, der Körper oder die Gesundheit eines Menschen verletzt oder eine Sache beschädigt, so ist der Halter verpflichtet, dem Verletzten den daraus entstehenden Schaden zu ersetzen.
(2) Die Ersatzpflicht ist ausgeschlossen, wenn der Unfall durch höhere Gewalt verursacht wird. […]

§ 18 StVG: Ersatzpflicht des Fahrzeugführers
(1) In den Fällen des § 7 Abs. 1 ist auch der Führer des Kraftfahrzeugs oder des Anhängers zum Ersatz des Schadens nach den Vorschriften der §§ 8 bis 15 verpflichtet. Die Ersatzpflicht ist ausgeschlossen, wenn der Schaden nicht durch ein Verschulden des Führers verursacht ist. […]

§ 17 StVG: Schadensverursachung durch mehrere Kraftfahrzeuge
(1) Wird ein Schaden durch mehrere Kraftfahrzeuge verursacht und sind die beteiligten Fahrzeughalter einem Dritten kraft Gesetzes zum Ersatz des Schadens verpflichtet, so hängt im Verhältnis der Fahrzeughalter zueinander die Verpflichtung zum Ersatz sowie der Umfang des zu leistenden Ersatzes von den Umständen, insbesondere davon ab, inwieweit der Schaden vorwiegend von dem einen oder dem anderen Teil verursacht worden ist.
(2) Wenn der Schaden einem der beteiligten Fahrzeughalter entstanden ist, gilt Absatz 1 auch für die Haftung der Fahrzeughalter untereinander.
(3) Die Verpflichtung zum Ersatz nach den Absätzen 1 und 2 ist ausgeschlossen, wenn der Unfall durch ein unabwendbares Ereignis verursacht wird, das weder auf einem Fehler in der Beschaffenheit des Fahrzeugs noch auf einem

Versagen seiner Vorrichtungen beruht. Als unabwendbar gilt ein Ereignis nur dann, wenn sowohl der Halter als auch der Führer des Fahrzeugs jede nach den Umständen des Falles gebotene Sorgfalt beobachtet hat. [...]

Halten Sie Ihr Postfach sauber

Die Regeln gegen Spam

Vor elf Jahren haben Sie einmal einen Koffer im Onlineshop »coolecoffer.de« bestellt. Heute erreicht Sie folgende E-Mail:

»Information zum Relaunch

Hallo treue/r Cofferfreund/in,
wir haben unsere Website auf Vordermann/frau gebracht. Ab sofort kannst du auch mit Creditcarte bezahlen!

Wir freuen uns auf deinen Besuch!
Dein Team von coolecoffer.de!«
Dürfen die das?

Wie wäre es, wenn »coolecoffer.de« in seinen Allgemeinen Geschäftsbedingungen stehen hätte: »Der Kunde willigt darin ein, Informationen zu unseren Produkten per E-Mail zu erhalten.«?

Die Frage wäre kleinkariert, wenn nur Sie einmal in Ihrem Leben eine solche E-Mail bekämen. In Wirklichkeit aber machen unverlangte Werbe-E-Mails inzwischen etwa 97 Prozent des weltweiten E-Mail-Verkehrs aus. Billionen solcher E-Mails nerven nicht nur, sondern richten auch einen Milliardenschaden an: durch verlorene Arbeitszeit beim Aussortieren, Kosten für Datentransport, Spamfilter und andere Dinge. Die Frage, ob eine solche Nachricht zulässig ist und – wenn nicht – wie man sich dagegen wehren kann, hat also eine riesige Bedeutung. Deshalb ist diese Frage inzwischen auch sehr klar geregelt, und es gibt viele Urteile dazu.

Grundsätzlich verboten ist es, jemanden mit Werbung zu belästigen, obwohl erkennbar ist, dass er das nicht möchte.

Konkret bedeutet das: Verbraucher, also Privatpersonen auf ihrem privaten Anschluss, dürfen telefonisch nur dann mit Werbung versorgt werden, wenn sie das vorher ausdrücklich gewünscht haben. Ausdrücklich heißt: Sie haben irgendwo einmal einen Satz angekreuzt oder gesagt wie: »Bitte informieren Sie mich auch telefonisch über neue Produkte und Angebote.«

Für Werbung per Fax, E-Mail oder SMS gilt diese Regel sogar ganz generell, also nicht nur gegenüber Verbrauchern. Selbst Unternehmen dürfen sich gegenseitig nicht mit ungewollter E-Mail-Werbung belästigen.

Sind Sie schon Kunde eines Unternehmens, darf es Ihnen trotzdem nur Werbung per E-Mail oder SMS schicken, wenn diese vier Voraussetzungen *alle* erfüllt sind:

Erstens müssen Sie selbst dem Unternehmen Ihre E-Mail-Adresse gegeben haben, als Sie dort eingekauft haben. Es reicht nicht, dass das Unternehmen Ihre E-Mail-Adresse bei Facebook herausfindet oder von einem Adresshändler kauft. Diese Voraussetzung ist in unserem Fall erfüllt, denn Sie haben Ihre E-Mail-Adresse bei Ihrer Bestellung vor elf Jahren bei »coolecoffer.de« angegeben.

Zweitens darf das Unternehmen diese E-Mail-Adresse nur verwenden, um Werbung für eigene Waren oder Dienstleistungen zu verschicken – und auch nur für ähnliche wie die, die Sie bereits gekauft haben. Enthält ein Newsletter »Empfehlungen von befreundeten Unternehmen«, ist diese Voraussetzung bereits nicht mehr erfüllt. Schon gar nicht darf das

Unternehmen Ihre Adresse an diese »befreundeten Unternehmen« weitergeben.

»Coolecoffer.de« darf Ihnen also auch noch Werbung für einen Rucksack aus dem eigenen Angebot schicken – aber nicht für günstige Wochenendtrips, die es auch noch verkauft, obwohl Sie als bekennende(r) Cofferfreund(in) vermutlich gerne reisen. Denn Wochenendreisen sind keine ähnlichen Waren im Verhältnis zu Koffern. Sie sind genau genommen sogar etwas ziemlich anderes.

In unserem Fall will Sie »coolecoffer.de« dazu ermuntern, mal wieder durch sein eigenes Sortiment mit ähnlichen Artikeln zu stöbern. Auch die zweite Voraussetzung ist also erfüllt.

Drittens dürfen Sie der E-Mail-Werbung nicht widersprochen haben. Schreiben Sie gleich bei der Bestellung ins Kommentarfeld »Bitte keine E-Mail-Werbung!«, kann sich das Unternehmen von vornherein nicht auf diese Ausnahmevorschrift berufen. Das ist eine elegante Möglichkeit, sich unerwünschte Werbung vom Hals zu halten, denn meist wird das Kommentarfeld auch in der Bestellbestätigung wiedergegeben – damit haben Sie einen netten Beweis dafür, dass Sie der Werbung von vornherein widersprochen haben.

Auch später können Sie der E-Mail-Werbung jederzeit widersprechen. Dann muss das Unternehmen die Werbung sofort einstellen – das von Ihnen manchmal erbetene »Verständnis dafür, dass die Umstellung in unserem System bis zu 14 Tage in Anspruch nehmen kann«, brauchen Sie nicht aufzubringen.

In unserem Beispielfall haben Sie bisher allerdings nicht widersprochen.

Doch kommen wir zur vierten Voraussetzung, die nur selten erfüllt ist. Das Unternehmen muss Sie auch klar und deutlich darauf hinweisen, dass Sie der E-Mail-Werbung jederzeit kostenlos widersprechen können.

Das Gesetz formuliert hier spitzfindig, dass für den Widerspruch keine »anderen als die Übermittlungskosten nach den Basistarifen entstehen« dürfen. Es meint damit: Die Kosten Ihrer Internetverbindung zählen nicht, wenn Sie per E-Mail widersprechen, ebenso wenig Briefporto. Bietet Ihnen das Unternehmen die Möglichkeit, seinen Newsletter über eine kostenpflichtige Hotline für drei Euro pro Minute abzubestellen, reicht das aber nicht.

Das Schöne an diesem Hinweis ist, dass Sie ihn mehrfach bekommen müssen – mindestens zweimal:

Zum einen bei der Bestellung, bei der Sie Ihre E-Mail-Adresse angegeben haben. Schon daran hält sich kaum ein Unternehmen. »Klar und deutlich« bedeutet nämlich, dass der Hinweis nicht irgendwo versteckt sein darf. Können Sie sich an einen solchen Hinweis nicht erinnern, spricht vieles dafür, dass er zumindest nicht klar und deutlich war.

Und wenn »coolecoffer.de« behauptet, Ihnen vor elf Jahren diesen Hinweis in der Bestellübersicht gegeben zu haben? Dann muss »coolecoffer.de« das beweisen! Und vor Gericht zu belegen, dass Ihnen vor elf Jahren dieser Hinweis bei *Ihrer* Bestellung klar und deutlich angezeigt wurde, ist … sagen wir mal … kein Heimspiel. In den meisten Fällen ist der Beweis schon deshalb schwierig, weil es den Hinweis tatsächlich nicht gab.

Zum anderen muss der Hinweis auch in *jeder* Werbe-E-Mail stehen, die Sie bekommen!

Zumindest das ist in unserem Beispiel nicht der Fall. Die vierte Voraussetzung ist also nicht erfüllt.

Und da sich ein Unternehmen auf die Ausnahmevorschrift nur berufen kann, wenn *alle* vier Voraussetzungen erfüllt sind, ist die Mail, die Sie heute bekommen haben, schlicht unzulässig.

Wie bekommen Sie »coolecoffer.de« dazu, von Ihnen abzulassen?

Sie können denen eine Abmahnung schicken – ja, genau das gleiche Schreiben, das normalerweise die Unternehmen an Internetnutzer schicken, wenn die illegal Musik herunterladen. Auch ein Kunde kann aber ein Unternehmen abmahnen! So können Sie selbst gegen das Unternehmen vorgehen, das Sie mit unzulässiger Werbung belästigt.

Legen Sie einen Ausdruck der E-Mail bei und fordern Sie »coolecoffer.de« auf, Ihnen ab sofort keine E-Mail-Werbung mehr zu schicken. Und verlangen Sie eine »strafbewehrte Unterlassungserklärung«. Darin verpflichtet sich das Unternehmen, Ihnen einen bestimmten Strafbetrag zu zahlen, wenn es Ihnen in Zukunft doch noch einmal Werbung schickt. Setzen Sie für die Antwort eine Frist von zwei Wochen.

Sitzt der Spammer auf den Antillen, ist es natürlich wenig realistisch, dass er Ihnen antworten wird – dann sollten Sie sich die Mühe sparen und ihn lieber Ihrem Spamfilter anvertrauen. Aber oft sind es seriöse einheimische Unternehmen wie »coolecoffer.de«, die gegen die Werberegeln verstoßen, bewusst oder aus Unkenntnis. Hier bringt Sie eine Abmahnung meist weiter.

Wahrscheinlich wird »coolecoffer.de« einwenden, es handle sich gar nicht um Werbung, sondern nur um »Informationen«. Immerhin steht es ja so im Betreff. Dann kontern Sie mit den Worten des Bundesgerichtshofs (Aktenzeichen I ZR 218/07): »Werbung ist jede Äußerung bei der Ausübung eines Handels, Gewerbes, Handwerks oder freien Berufs mit dem Ziel, den Absatz von Waren oder die Erbringung von Dienstleistungen zu fördern.« Werbung ist also alles, was Sie dazu bewegen soll, bei dem Unternehmen (noch einmal) einzukaufen – auch wenn das Unternehmen selbst darin nur eine wichtige »Information« sieht, für die Sie ihm eigentlich dankbar sein müssten.

Und wenn »coolecoffer.de« – wie in der Abwandlung – ein Einverständnis in die E-Mail-Werbung in seinen Bedingungen versteckt hat?

Dann können Sie darauf pfeifen. Wir hatten ja schon gesagt, dass ein solches Einverständnis ausdrücklich erfolgen muss. Das bedeutet, dass Sie eigenhändig ein Häkchen an die Auswahl »☐ Newsletter bestellen« setzen müssen. Setzt das Unternehmen das Häkchen als Voreinstellung selbst, geben Sie keine ausdrückliche Erklärung ab. Und noch weniger reicht es, Ihnen die Erklärung irgendwo im Kleingedruckten unterzuschieben.

Auch in der Abwandlung können Sie »coolecoffer.de« also abmahnen.

Und im nächsten Kapitel kümmern wir uns darum, wie Sie sich selbst vor Abmahnungen schützen.

Darauf berufen Sie sich:

§ 7 Gesetz gegen den unlauteren Wettbewerb (UWG): Unzumutbare Belästigungen
(1) Eine geschäftliche Handlung, durch die ein Marktteilnehmer in unzumutbarer Weise belästigt wird, ist unzulässig. Dies gilt insbesondere für Werbung, obwohl erkennbar ist, dass der angesprochene Marktteilnehmer diese Werbung nicht wünscht.
(2) Eine unzumutbare Belästigung ist stets anzunehmen
[…] 2. bei Werbung mit einem Telefonanruf gegenüber einem Verbraucher ohne dessen vorherige ausdrückliche Einwilligung oder gegenüber einem sonstigen Marktteilnehmer ohne dessen zumindest mutmaßliche Einwilligung,

3. bei Werbung unter Verwendung einer automatischen Anrufmaschine, eines Faxgerätes oder elektronischer Post, ohne dass eine vorherige ausdrückliche Einwilligung des Adressaten vorliegt. [...]

(3) Abweichend von Absatz 2 Nummer 3 ist eine unzumutbare Belästigung bei einer Werbung unter Verwendung elektronischer Post nicht anzunehmen, wenn

1. ein Unternehmer im Zusammenhang mit dem Verkauf einer Ware oder Dienstleistung von dem Kunden dessen elektronische Postadresse erhalten hat,

2. der Unternehmer die Adresse zur Direktwerbung für eigene ähnliche Waren oder Dienstleistungen verwendet,

3. der Kunde der Verwendung nicht widersprochen hat und

4. der Kunde bei Erhebung der Adresse und bei jeder Verwendung klar und deutlich darauf hingewiesen wird, dass er der Verwendung jederzeit widersprechen kann, ohne dass hierfür andere als die Übermittlungskosten nach den Basistarifen entstehen.

§ 1004 Bürgerliches Gesetzbuch (BGB): Beseitigungs- und Unterlassungsanspruch

(1) Wird das Eigentum in anderer Weise als durch Entziehung oder Vorenthaltung des Besitzes beeinträchtigt, so kann der Eigentümer von dem Störer die Beseitigung der Beeinträchtigung verlangen. Sind weitere Beeinträchtigungen zu besorgen, so kann der Eigentümer auf Unterlassung klagen. [...]

 # Kapieren Sie das Kopieren

Das Urheberrecht

Ihre Freundin lacht: »Du hast im Ernst Geld für dieses Buch bezahlt? Wie retro bist du denn? Ich hab's mir als E-Book runtergeladen, kostenlos, über so 'ne Tauschplattform, die auf den Bahamas sitzt. ›Bookworm32‹ hatte das da reingestellt.«

»Du weißt schon, dass du mit einem Bein im Knast stehst?«, wenden Sie ein.

»Ach, Blödsinn, das ist doch nur für meinen privaten Gebrauch. Außerdem bin ich dagegen, dass das Urheberrecht Informationen und Ideen behindert. Das kann doch nicht sein, dass alles monopolisiert wird!«

Sie geben nicht auf. Im Copy-Shop kopieren Sie für Ihre Freundin dieses Kapitel und übergeben es ihr auf Papier: »Damit du wenigstens die Infos zum Urheberrecht auf legalem Weg bekommst.«

Wer von Ihnen beiden steht nun eher mit einem Bein im Knast?

Wie wäre es, wenn Ihre Freundin nichts heruntergeladen, sondern ein Hörbuch auf Youtube angehört hätte?

Bis zu drei Jahre Gefängnis bietet das Gesetz, wenn jemand unzulässig ein urheberrechtlich geschütztes Werk vervielfältigt, verbreitet oder öffentlich wiedergibt – zusätzlich zu privaten Schadensersatzforderungen und einer kostenpflichtigen Abmahnung, die man sich dafür einfangen kann.

Ein Buch ist ein solches geschütztes Werk – genauso wie ein Video, Musikstück, Bild oder Computerprogramm.

Die Rechte daran hat derjenige, der das Werk geschaffen

hat: der Urheber. Das sind die Autoren und Übersetzer, Komponistinnen, Regisseure und Künstlerinnen.

Grundsätzlich darf nur der Urheber sein Werk verwerten, insbesondere vervielfältigen, verbreiten, im Fernsehen oder Radio senden, übersetzen, verfilmen. Oder »öffentlich zugänglich machen« – das ist die Sprache des Gesetzes für »ins Internet stellen«. Der Urheber darf auch Lizenzen erteilen, also anderen erlauben, diese Dinge zu tun: zum Beispiel einem Verlag, ein Manuskript zu drucken und zu verbreiten.

Gegen diese Regeln haben in unserem Beispielfall schon einmal alle Beteiligten verstoßen: »Bookworm32«, der das E-Book in der Tauschbörse anbietet, macht es öffentlich zugänglich – genauso wie die Person, die das Hörbuch bei Youtube hochgeladen hat. Sie selbst haben einen Teil des Buchs vervielfältigt, indem Sie es auf den Kopierer gelegt und ein Kapitel kopiert haben. Auch Ihre beste Freundin hat das Buch vervielfältigt – indem sie es sich heruntergeladen hat. Denn gemeint ist jede Art von Kopie, digital genauso wie auf Papier. Und wenn ich mir etwas aus dem Internet herunterlade, mache ich damit eine Kopie der Datei auf meiner Festplatte.

Beschränkt das Urheberrecht also tatsächlich, wie Ihre Freundin behauptet, Informationen und Ideen?

Nein. Eine Information kann niemals urheberrechtlich geschützt sein. Auch ich als Autor habe die Informationen, die Sie hier lesen, ja nicht »erfunden«. Ich habe sie nur gesammelt, geordnet und aufbereitet. Niemand hindert Sie daran, diese Informationen weiterzugeben, im Internet, im Radio oder sonst wo. Sie müssen es bloß in Ihren eigenen Worten tun und dürfen nicht einfach das Buch kopieren und damit eine fremde schöpferische Arbeit ausnutzen. Das Urheberrecht schützt die konkrete Darstellung, also die Sammlung, Anordnung und Formulierung – aber nicht die Information, die darinsteckt.

Auch Ideen können niemals urheberrechtlich geschützt sein. Sonst dürfte es weltweit nur ein einziges Buch mit Pasta-Rezepten und nur ein einziges Lied über die Liebe geben. In Wirklichkeit steht es Ihnen aber frei, eine fremde Idee zu übernehmen und Ihr eigenes Buch mit Pasta-Rezepten oder Ihr eigenes Liebeslied zu schreiben. Sie müssen sich eben nur die Mühe machen, es selbst zu schreiben, und können nicht einfach ein fremdes Buch oder Lied *ab*schreiben.

Jeder Urheber hat zudem die Möglichkeit, sein Lied *nicht* an ein Label oder sein Manuskript *nicht* an einen Verlag zu verkaufen – und es kostenlos unter die Leute zu bringen, zum Beispiel im Internet. Er muss sich dann nur eine andere Einnahmequelle suchen, von der er leben möchte. Das Urheberrecht zwingt also niemanden dazu, seine Inhalte nur gegen Geld herzugeben. Wenn manche Autoren und Musikerinnen öffentlich darüber lamentieren, dass das Urheberrecht die Verbreitung ihrer Werke behindere, ist das scheinheilig.

Was ist aber mit dem zweiten Argument Ihrer Freundin: »Ist doch nur für mich privat!«?

Vom Urheberrecht gibt es einige Ausnahmen, sogenannte »Schranken«. Die wichtigste und bekannteste ist die »Privatkopie«. Danach darf eine Privatperson für den privaten Gebrauch tatsächlich Werke kopieren. Wenn Sie eine Fernsehsendung mit einem Videorekorder aufnehmen, machen Sie eine zulässige Privatkopie. Wenn Sie sich von Ihrem Kollegen eine Musik-CD oder eine DVD mit der neuen amerikanischen Serie kopieren, auch.

Die Privatkopie ist erlaubt, aber nicht umsonst: Sie zahlen zum Beispiel dafür, wenn Sie eine leere DVD oder Festplatte kaufen, denn im Kaufpreis ist eine Abgabe enthalten, die an die Urheber geht. Wer einen Copyshop betreibt, zahlt eine Abgabe für die Kopierer – und rechnet sie in seine Preise ein.

Damit die Privatkopie nicht ausufert, gibt es aber Beschränkungen: So dürfen Sie Musiknoten, Computerprogramme und *vollständige* Bücher nicht kopieren, auch nicht privat. Außerdem dürfen Sie keinen Kopierschutz knacken, wenn es einen gibt.

Zudem darf die Privatkopie nicht von einer offensichtlich rechtswidrigen Quelle stammen. Das ist zum einen der Fall, wenn schon die Vorlage eine offensichtliche Raubkopie ist. Hat Ihr Kollege also die DVD mit der amerikanischen Serie im Urlaub in Bangkok für einen Dollar auf der Straße gekauft, dürfen Sie davon keine Privatkopie machen.

Zum anderen ist die Quelle offensichtlich rechtswidrig, wenn klar ist, dass jemand eine Datei unberechtigt im Internet anbietet. Davon kann man immer ausgehen, wenn »Bookworm32« ein E-Book oder »AnarchistX« einen Kinofilm im Internet hochlädt oder über eine Tauschbörse anbietet. Hier kann niemand ernsthaft davon ausgehen, dass dahinter der Verlag oder das Filmstudio steckt, die ihr Zeug unbedingt kostenlos unter die Leute bringen wollen, damit es nicht mehr so viele kaufen. Auch von solchen Dateien können Sie keine zulässige Privatkopie machen, dürfen sie also nicht herunterladen.

Ihre Freundin durfte sich demnach nicht das E-Book aus einer obskuren Tauschbörse besorgen. Sie hingegen durften ein Kapitel aus diesem Buch kopieren – sofern Sie das Buch nicht als Ein-Dollar-Nachdruck in Bangkok gekauft haben. Sie dürften sogar noch weitere Kapitel kopieren, nur eben nicht das *gesamte* Buch.

Fazit: Sie haben wie immer Recht! *Sie* haben legal gehandelt, Ihre Freundin nicht. Sie wird dafür nicht gleich im Gefängnis landen, aber teuer kann es schon werden. Und das ist ja ärgerlich genug.

Wie wäre es in der Abwandlung, wenn sich Ihre Freundin nur das Hörbuch auf Youtube angehört hätte, ohne es herunterzuladen? Das kennen wir als »Streaming«.

Ein Werk nur anzuschauen oder anzuhören kann niemals eine Urheberrechtsverletzung sein. Sie können sich also nicht dadurch strafbar machen, dass Sie ein Buch lesen, dessen Autor woanders abgeschrieben hat. Das wäre ja auch noch schöner!

Doch zum Schluss wird es noch ein bisschen haarspalterisch: Wenn Sie sich im Internet etwas anschauen oder anhören, machen Sie davon immer automatisch eine Kopie als »Puffer« in Ihrem Arbeitsspeicher. Das ist eigentlich eine unzulässige Vervielfältigung. Aber hier hat der Gesetzgeber mitgedacht und eine eigene Schranke entwickelt: Erlaubt ist auch eine Kopie, die automatisch bei einer Nutzung anfällt und so vorübergehend ist, dass Sie sie nicht eigenständig verwerten können. Solange Sie die Datei nicht dauerhaft speichern, dürfen Sie sich also auch Sachen anhören oder anschauen, die jemand illegal ins Netz gestellt hat.

Wer das Zeug illegal hochlädt oder in einer Tauschbörse anbietet, kann sich dagegen nie auf eine Schranke berufen. Er macht sich immer strafbar und schadensersatzpflichtig. Achten Sie also darauf, welche Ordner Sie vielleicht selbst der Welt öffnen, während Sie sich in einer Tauschbörse tummeln.

Haben Sie sich doch mal was zuschulden kommen lassen und bekommen eine Abmahnung, ist die nur gültig, wenn sie strenge Voraussetzungen erfüllt: Sie muss genau angeben, wodurch Sie wessen Rechte verletzt haben sollen, ob ein geforderter Geldbetrag als Schadensersatz oder als Abmahnkosten geltend gemacht wird und ob eine vorformulierte Unterlassungserklärung weiter reicht als Ihr eigentlicher Verstoß.

Selbst wenn diese Voraussetzungen erfüllt sind, dürfen

gegenüber einer Privatperson, die privat gehandelt hat, die Anwaltskosten für die Abmahnung nicht mehr als 147,56 Euro betragen. Wesentlich teurer kann es aber werden, wenn ein Schadensersatzanspruch dazukommt oder Sie bereits eine Unterlassungserklärung abgegeben haben!

Ist die Abmahnung dagegen nicht in Ordnung, können Sie die Anwaltskosten ersetzt verlangen, um sich dagegen zu wehren.

Vergessen Sie bei all den virtuellen Beispielen aber nicht ganz die Offline-Welt – wie leicht Ihnen da Ihre Sachen hopsgehen können, sehen wir im nächsten Kapitel.

Darauf berufen Sie sich:

§ 53 Urheberrechtsgesetz (UrhG): Vervielfältigungen zum privaten und sonstigen eigenen Gebrauch
(1) Zulässig sind einzelne Vervielfältigungen eines Werkes durch eine natürliche Person zum privaten Gebrauch auf beliebigen Trägern, sofern sie weder unmittelbar noch mittelbar Erwerbszwecken dienen, soweit nicht zur Vervielfältigung eine offensichtlich rechtswidrig hergestellte oder öffentlich zugänglich gemachte Vorlage verwendet wird. [...]
(4) Die Vervielfältigung
a) graphischer Aufzeichnungen von Werken der Musik,
b) eines Buches oder einer Zeitschrift, wenn es sich um eine im Wesentlichen vollständige Vervielfältigung handelt,
ist, soweit sie nicht durch Abschreiben vorgenommen wird, stets nur mit Einwilligung des Berechtigten zulässig [...].

§ 97a UrhG: Abmahnung
(1) Der Verletzte soll den Verletzer vor Einleitung eines gerichtlichen Verfahrens auf Unterlassung abmahnen und ihm Gelegenheit geben, den Streit durch Abgabe einer mit einer angemessenen Vertragsstrafe bewehrten Unterlassungsverpflichtung beizulegen.

---

(2) Die Abmahnung hat in klarer und verständlicher Weise
1. Name oder Firma des Verletzten anzugeben, wenn der Verletzte nicht selbst, sondern ein Vertreter abmahnt,
2. die Rechtsverletzung genau zu bezeichnen,
3. geltend gemachte Zahlungsansprüche als Schadensersatz- und Aufwendungsersatzansprüche aufzuschlüsseln und
4. wenn darin eine Aufforderung zur Abgabe einer Unterlassungsverpflichtung enthalten ist, anzugeben, inwieweit die vorgeschlagene Unterlassungsverpflichtung über die abgemahnte Rechtsverletzung hinausgeht.
Eine Abmahnung, die nicht Satz 1 entspricht, ist unwirksam.
(3) Soweit die Abmahnung berechtigt ist und Absatz 2 Satz 1 Nummer 1 bis 4 entspricht, kann der Ersatz der erforderlichen Aufwendungen verlangt werden. Für die Inanspruchnahme anwaltlicher Dienstleistungen beschränkt sich der Ersatz der erforderlichen Aufwendungen hinsichtlich der gesetzlichen Gebühren auf Gebühren nach einem Gegenstandswert für den Unterlassungs- und Beseitigungsanspruch von 1000 Euro, wenn der Abgemahnte
1. eine natürliche Person ist, die nach diesem Gesetz geschützte Werke oder andere nach diesem Gesetz geschützte Schutzgegenstände nicht für ihre gewerbliche oder selbständige berufliche Tätigkeit verwendet, und
2. nicht bereits wegen eines Anspruchs des Abmahnenden durch Vertrag, aufgrund einer rechtskräftigen gerichtlichen Entscheidung oder einer einstweiligen Verfügung zur Unterlassung verpflichtet ist. [...]
(4) Soweit die Abmahnung unberechtigt oder unwirksam ist, kann der Abgemahnte Ersatz der für die Rechtsverteidigung erforderlichen Aufwendungen verlangen, es sei denn, es war für den Abmahnenden zum Zeitpunkt der Abmahnung nicht erkennbar, dass die Abmahnung unberechtigt war. Weitergehende Ersatzansprüche bleiben unberührt.

Behalten Sie Ihr Glück

Das Eigentum

Während Ihres Urlaubs haben Sie Ihren Hund bei einem Kollegen in Pension gegeben. Als Sie zurückkommen, bedauert der:
»Der ging mir nach drei Tagen so auf die Nerven, dass ich ihn meiner Nichte zum 18. Geburtstag geschenkt habe. Sei froh, so sind wir den lästigen Kläffer doch beide los! Ich schlage vor, du lädst mich dafür heute Abend zum Essen ein.«
Als Sie den Hund von der Nichte zurückholen wollen, gibt es Tränen. Sie will ihren neuen Liebling auf keinen Fall wieder hergeben – immerhin wusste sie ja nicht, dass das *Ihr* Hund war.
Wem gehört der Hund nun?

Wie wäre es, wenn …
1. die Nichte gewusst hätte, dass der Hund bei ihrem Onkel nur in Pension war und ihm nicht gehörte?
2. Ihr Kollege den Hund von Ihnen gestohlen und dann verkauft hätte?

Tiere sind keine Sachen. Für sie gibt es eigene Schutzgesetze – aber die sagen nichts darüber, wem das Tier gehört. In dieser Frage behandelt das Gesetz die Tiere *wie* Sachen. An einem Hund können Sie also nach denselben Regeln Eigentum erwerben und verlieren wie an einer Hundeleine.

Ursprünglich hat der Hund einmal Ihnen gehört, so viel steht fest. Und sein Eigentum kann man zunächst dadurch verlieren, dass man es selbst jemand anderem überträgt.

Eigentum an einer Sache können Sie übertragen, indem

Sie die Sache jemand anderem übergeben *und* sich darüber einigen, dass der andere der neue Eigentümer sein soll. Bei Grundstücken, Häusern oder Wohnungen müssen Sie den neuen Eigentümer ins Grundbuch eintragen lassen.

Übergeben haben Sie den Hund an Ihren Kollegen. Damit hat der Hund rechtlich jedenfalls seinen Besitzer gewechselt. Im Alltag meinen wir zwar mit »Besitzer« meist »Eigentümer«, aber rechtlich sind das zwei verschiedene Dinge: Besitzer ist hier derjenige, der eine Sache gerade tatsächlich in seiner Gewalt hat.

Besitzer und Eigentümer können unterschiedliche Personen sein: Wohnen Sie in einer Mitwohnung, besitzen Sie diese Wohnung. Eigentümer ist aber Ihr Vermieter. Das Wort »Grundbesitz« bedeutet rechtlich also etwas ganz anderes als in der Alltagssprache.

Nicht anders ist es mit dem Hundebesitz.

Indem Sie den Hund bei Ihrem Kollegen abgeliefert haben, haben Sie zwar Ihren Besitz aufgegeben. Allerdings haben Sie sich gerade *nicht* darüber geeinigt, dass der Hund ihm auch gehören soll – sondern nur darüber, dass er ihn während Ihres Urlaubs versorgt. Die zweite Voraussetzung für eine Eigentumsübertragung ist damit nicht erfüllt, und Sie haben Ihr Eigentum noch nicht verloren.

Der Nichte selbst haben Sie den Hund weder übergeben (das hat ja Ihr Kollege getan) noch sich mit ihr darüber geeinigt, dass er ihr gehören soll. Auch ihr haben Sie das Eigentum also nicht übertragen.

Aber damit sind wir noch nicht alle Möglichkeiten durchgegangen. Vielleicht hat ja Ihr *Kollege* seiner Nichte das Eigentum an *Ihrem* Hund übertragen.

Klingt seltsam, aber prüfen wir die Voraussetzungen: Er hat ihr den Hund übergeben. *Und* er hat sich mit ihr darüber geeinigt, dass der Hund ihr gehören soll – er hat ihn ihr ja geschenkt. Beide Voraussetzungen sind erfüllt!

Natürlich hat die Sache einen Schönheitsfehler: Ihr Kollege hatte selbst vorher kein Eigentum an dem Hund. Und grundsätzlich kann man Eigentum, das man selbst nicht hat, auch nicht übertragen.

Grundsätzlich.

Denn gelten die Nichtentränen nichts? Die Arme hat sich ja wirklich nichts vorzuwerfen – sie dachte, ihr Onkel hätte den Hund gekauft, um ihn ihr zu schenken. Und fände es jetzt total unfair, wenn er ihr nun doch nicht gehören würde.

So sieht es in der Tat auch das Gesetz: Die Nichte ist wirklich die neue Eigentümerin Ihres Hundes geworden! Sie sind raus.

Und zwar durch einen »gutgläubigen Erwerb«: Wenn jemand eine Sache im Besitz hat und mir übergibt, darf ich darauf vertrauen, dass diesem Menschen die Sache gehört und er mir das Eigentum daran übertragen kann.

Der Grund: Jeden Tag wird das Eigentum an vielen Sachen übertragen. Es würde das Geschäftsleben lähmen, wenn wir immer erst mühselig herausfinden müssten, ob die Sache wirklich dem gehört, der sie anbietet. Nur weil es den gutgläubigen Erwerb gibt, können Sie beim Bäcker ein Brötchen kaufen und unbeschwert essen – ohne sich Gedanken darüber machen zu müssen, dass das Brötchen dem Bäcker vielleicht gar nicht gehörte und der wahre Eigentümer nun von Ihnen Schadensersatz verlangen kann, weil Sie sein Brötchen durch Aufessen vernichtet haben …

Der vorherige Eigentümer hat dann einfach Pech gehabt – dieses Risiko geht das Gesetz ein, um das Vertrauen bei alltäglichen Geschäften zu stärken.

Die Lösung zu unserem Fall lautet also: Die Nichte darf »Ihren« (ehemaligen) Hund behalten. Er gehört ihr.

Natürlich können Sie von Ihrem Kollegen Schadensersatz verlangen, denn er hat gegen Ihre Absprachen verstoßen. Davon können Sie sich einen anderen Hund kaufen – aber Ihren alten Hund kriegen Sie nicht mehr zurück.

Der gutgläubige Erwerb funktioniert natürlich nur, wenn der Erwerber auch gutgläubig *ist:* Wusste die Nichte, dass der Hund gar nicht dem lieben Onkel gehört, kann sie kein Eigentum erworben haben. In Abwandlung 1 gehört der Hund daher nach wie vor Ihnen.

Nun bedeutet Gutgläubigkeit weder Dummheit noch Blindheit. Sie fehlt auch, wenn offensichtlich ist, dass die Sache dem anderen nicht gehört – und der Erwerber das nur nicht schnallt oder nicht wahrhaben will. Hätte es also klare Anzeichen dafür gegeben, dass der Onkel einen fremden Hund vertickt, zum Beispiel ein Halsband mit Ihrem Namen drauf, hätte die Nichte misstrauisch sein müssen. Dann hätte sie ebenfalls kein Eigentum am Hund erwerben können.

Und eine weitere Grenze hat der gutgläubige Erwerb: Die Sache darf dem ursprünglichen Eigentümer nicht abhandengekommen sein. Das heißt: Er darf seinen Besitz an ihr nicht unfreiwillig verloren haben. Wer seine Sachen also nicht freiwillig aus der Hand gibt, kann auch nicht »Opfer« eines gutgläubigen Erwerbs werden – so fair ist das Gesetz dann doch.

Im Ausgangsfall haben Sie den Hund Ihrem Kollegen freiwillig gegeben. Wurde er Ihnen jedoch gestohlen, ist es anders. An Diebesgut kann niemals ein anderer Eigentum erwerben, egal wie gutgläubig.

Auch in Abwandlung 2 gehört der Hund daher noch Ihnen.

Achten Sie also auf Ihre Sachen, wenn Sie sie freiwillig aus der Hand geben. Verleihen Sie nur an Leute, denen Sie wirklich vertrauen. Oder markieren Sie Ihr Zeug wenigstens auffällig mit Ihrem Namen – damit können Sie einen Erwerber »bösgläubig« machen.

Abhandengekommen ist Ihnen eine Sache übrigens auch, wenn Sie sie verloren haben. Auch an verlorenen Sachen gibt es daher keinen gutgläubigen Erwerb. Hier lauern aber andere Gefahren – die schauen wir uns im nächsten Kapitel an.

Darauf berufen Sie sich:

§ 90a Bürgerliches Gesetzbuch (BGB): Tiere
Tiere sind keine Sachen. Sie werden durch besondere Gesetze geschützt. Auf sie sind die für Sachen geltenden Vorschriften entsprechend anzuwenden, soweit nicht etwas anderes bestimmt ist.

§ 929 BGB: Einigung und Übergabe
Zur Übertragung des Eigentums an einer beweglichen Sache ist erforderlich, dass der Eigentümer die Sache dem Erwerber übergibt und beide darüber einig sind, dass das Eigentum übergehen soll. Ist der Erwerber im Besitz der Sache, so genügt die Einigung über den Übergang des Eigentums.

§ 932 BGB: Gutgläubiger Erwerb vom Nichtberechtigten
(1) Durch eine nach § 929 erfolgte Veräußerung wird der Erwerber auch dann Eigentümer, wenn die Sache nicht dem Veräußerer gehört, es sei denn, dass er zu der Zeit, zu der er nach diesen Vorschriften das Eigentum erwerben würde, nicht in gutem Glauben ist. In dem Falle des § 929 Satz 2 gilt dies jedoch nur dann, wenn der Erwerber den Besitz von dem Veräußerer erlangt hatte.
(2) Der Erwerber ist nicht in gutem Glauben, wenn ihm bekannt oder infolge grober Fahrlässigkeit unbekannt ist, dass die Sache nicht dem Veräußerer gehört.

§ 935 BGB: Kein gutgläubiger Erwerb von abhandengekommenen Sachen
(1) Der Erwerb des Eigentums aufgrund der §§ 932 bis 934 tritt nicht ein, wenn die Sache dem Eigentümer gestohlen worden, verlorengegangen oder sonst abhandengekommen war. […]

Finden Sie Ihr Glück

Der Fund

Auf dem Weg zur Arbeit finden Sie einen goldenen Ring auf dem Gehweg. Sie nehmen ihn an sich und bringen ihn in der Mittagspause ins städtische Fundbüro.
Welche Rechte haben Sie, wenn sich die Verliererin nach …
- sieben Tagen
- sieben Monaten
- sieben Jahren

meldet?

Wie wäre die Rechtslage, wenn Sie den Ring in der U-Bahn gefunden hätten?

Angenommen, Sie helfen Ihrer Tante, deren Garten umzugraben, und finden dabei einen alten Goldschatz: Wem gehört der Schatz?

Ein Finder hat besondere Rechte und Pflichten. Schauen wir daher erst einmal, was Sie rechtlich zum Finder macht.

Einen Finder kann es nur geben, wo es eine verlorene Sache gibt. Und verloren ist eine Sache nur, wenn der Verlierer nicht weiß, wo sie ist. Hat jemand seinen Regenschirm auf der Garderobe im Restaurant vergessen und erinnert sich daran, ist der Schirm nicht verloren. Er muss ja nur dort anrufen und hat seinen Schirm wieder. Einen Schirm, der nicht verloren ist, kann auch niemand finden.

Liegen allerdings wertvolle Dinge auf dem Gehweg, sind sie meist nicht nur vergessen – wie in unserem Ring-Beispiel.

Um Finder im Sinne des Gesetzes zu sein, müssen Sie aber mehr tun, als die Sache nur zu finden: Sie müssen sie auch an sich nehmen. Rufen Sie bloß: »Da liegt ja ein Ring!«, und hebt ihn dann ein anderer auf und nimmt ihn mit, haben *Sie* den Ring zwar entdeckt, aber nicht gefunden. In unserem Beispiel haben Sie also alles richtig gemacht und sind ein rechtlich vollwertiger Finder.

Damit haben Sie erst einmal Pflichten: Der Finder muss den Fund unverzüglich mitteilen – und zwar dem Verlierer oder Eigentümer der Sache oder, wenn das nicht möglich ist, der zuständigen Behörde. Die kann je nach Ort unterschiedlich sein; wer es bei Ihnen ist, erfahren Sie bei der Stadtverwaltung. Ist die Sache nicht mehr als zehn Euro wert *und* kennen Sie den Verlierer oder Eigentümer nicht, brauchen Sie den Fund nicht zu melden.

Der Finder muss die Sache auch verwahren. Das kann im Einzelfall sehr unpraktisch sein: Finden Sie in Ihrem Vorgarten einen verlorenen Elefanten, kann das teuer werden, denn Sie müssen ihn füttern. Finden Sie eine Kiste Obst, wird Ihr Fund schnell vor sich hin faulen. Daher ordnet das Gesetz an: Kostet die Verwahrung sehr viel oder verdirbt der Fund schnell, müssen Sie die Sache öffentlich versteigern lassen.

Alternativ können Sie die Sache jederzeit bei der Behörde abgeben, auch wenn die Verwahrung unproblematisch wäre. Die Behörde kann das sogar von Ihnen verlangen.

Auch in diesem Punkt haben Sie sich nichts zuschulden kommen lassen: Sie haben gut auf den Ring aufgepasst; er ist weder verdorben noch verhungert. Und Sie haben von Ihrer Möglichkeit Gebrauch gemacht, ihn gleich im Fundbüro, also bei der zuständigen Behörde, zu lassen.

Kommen wir als Belohnung nun zu Ihren Rechten. Da

hätten wir zunächst den Finderlohn. Seine Höhe richtet sich nach dem Wert der gefundenen Sache: Für die ersten 500 Euro beträgt er fünf Prozent des Werts, für alles darüber drei Prozent.

Nehmen wir an, Sie haben in unserem Beispiel einen ganz guten Ring im Wert von 1200 Euro gefunden: Dann stehen Ihnen fünf Prozent von 500 Euro (= 25 Euro) plus drei Prozent von den verbleibenden 700 Euro (= 21 Euro) zu, also insgesamt 46 Euro.

Finden Sie ein Tier, gibt es generell nur drei Prozent des Werts – bei dem Elefantenfund aus Ihrem Vorgarten kann sich aber auch das zu einem stattlichen Sümmchen entwickeln.

Was ist, wenn Sie den Elefanten erst gefüttert und dann versteigert haben? Dann müssen Sie dem Finder den Versteigerungserlös herausgeben, und nach dessen Höhe richtet sich der Finderlohn. Zusätzlich können Sie die Fütterungskosten ersetzt verlangen.

Finden Sie ein altes Familienfoto, hat das neben dem Wert des Papiers nur einen emotionalen Wert. In solchen Fällen bestimmt sich der Finderlohn »nach billigem Ermessen« – das sagt das Gesetz immer, wenn es eine irgendwie gerechte Lösung meint, aber nicht näher beschreiben kann.

Der Finderlohn steht Ihnen übrigens nur zu, wenn Sie so brav waren wie in unseren Beispiel und den Fund ordnungsgemäß gemeldet haben. Es ist der Lohn für Ihre Ehrlichkeit.

Lohnt sich diese Ehrlichkeit denn nun für 46 Euro, wenn der Ring selbst 1200 Euro wert ist?

Nun, einerseits können Sie sich wegen Unterschlagung strafbar machen, wenn Sie die Sache einfach behalten. Das könnte mit Unannehmlichkeiten verbunden sein. Aus dem letzten Kapitel wissen Sie, dass auf diese Weise ohnehin weder

Sie noch jemand anderes jemals Eigentum an dem Ring erwerben kann, denn er ist abhandengekommen.

Andererseits können Sie auf ehrlichem Weg womöglich zu echtem Eigentum an dem Ring kommen: Hat sich nach sechs Monaten niemand gemeldet und ist Ihnen der Verlierer auch nicht sonst wie bekannt geworden, gehört die Sache ganz offiziell Ihnen! Sie können dann damit machen, was Sie wollen.

Am besten verjubeln Sie alles so schnell wie möglich. Denn das Gesetz hat dem ursprünglichen Eigentümer eine Hintertür gelassen: Sind die sechs Monate vorbei, hat er weitere drei Jahre Zeit, um doch noch Ansprüche geltend zu machen. Das geschieht dann nach den Regeln einer »ungerechtfertigten Bereicherung« – und die haben einen Clou: Herausgeben müssen Sie nur etwas, wenn Sie noch irgendwie »bereichert« sind, also jetzt noch einen Vorteil aus dem Fund haben.

Konkret: Ist der Ring noch da, müssen Sie ihn hergeben. Haben Sie ihn verkauft und das Geld noch, müssen Sie das hergeben. Haben Sie sich mit dem Geld ein neues Handy gekauft und besitzen das noch, müssen Sie das Handy herausgeben. Haben Sie den Ring verkauft und das Geld für Dinge ausgegeben, die Sie sowieso hätten bezahlen müssen (Essen, Miete, Kreditraten, allgemeine Ausgaben), dann sind diese Dinge zwar aufgebraucht – aber Sie haben trotzdem noch einen Vorteil: Ihr Kontostand ist höher als ohne den Fund, denn Sie haben Geld gespart, das Sie sonst auf jeden Fall ausgegeben hätten. Diese Ersparnis müssen Sie »herausgeben«.

Haben Sie den Ring aber verkauft und das Geld für etwas ausgegeben, das Sie sich sonst nie geleistet hätten *und* das aufgebraucht, sind Sie nicht mehr »bereichert«! Eine solche Luxusausgabe ist zum Beispiel ein zusätzlicher Urlaub. Ist der vorbei, haben Sie nichts mehr in der Hand – und auch nichts gespart, denn ohne den Fund hätten Sie diesen Zusatzurlaub gar nicht gemacht. Ihr Kontostand ist genau so hoch, wie er ohne den Fund wäre.

Sind auch die drei weiteren Jahre vorbei, kann der Eigentümer so oder so nichts mehr von Ihnen verlangen. Entweder Sie verprassen also Ihr Finderglück so schnell wie möglich mit Luxusausgaben oder Sie hoffen drei Jahre lang, dass sich niemand mehr meldet.

Damit können wir alle Fragen aus dem Ausgangsfall beantworten: Meldet sich die Verliererin nach sieben Tagen, bekommen Sie einen Finderlohn von 46 Euro. Meldet sie sich nach sieben Monaten, gehörte der Ring eigentlich schon Ihnen. Sie müssen dann nur noch etwas herausgeben, wenn Sie noch bereichert sind, also nicht schon alles ersatzlos verprasst haben. Meldet sie sich nach sieben Jahren, kann sie gar nichts mehr von Ihnen verlangen.

Macht es einen Unterschied, wenn Sie den Ring – wie in der Abwandlung – nicht auf dem Gehweg finden, sondern in der U-Bahn?

Ja. Finden Sie etwas in einem öffentlichen Verkehrsmittel oder in den Räumen eines Verkehrsbetriebs (zum Beispiel in einem Bahnhof), gelten andere Regeln – ebenso, wenn Sie eine Sache in den Räumen einer Behörde (zum Beispiel im Fundbüro selbst) finden. In diesem Fall müssen Sie die Sache unverzüglich bei der Behörde oder dem Verkehrsbetrieb abgeben.

Meldet sich der Verlierer, steht Ihnen ebenfalls ein Finderlohn zu – aber nur, wenn die Sache mindestens 50 Euro wert war. Und nur die Hälfte der sonst üblichen Sätze. Arbeiten Sie für die Behörde oder den Verkehrsbetrieb, bekommen Sie gar keinen Finderlohn.

Meldet sich der Verlierer nicht, können Sie in diesen Fällen nicht Eigentümer der Sachen werden, die Sie gefunden haben.

Die Behörde oder der Verkehrsbetrieb darf die Sachen öffentlich versteigern und den Erlös irgendwann selbst behalten. Sie bekommen davon nur den Finderlohn ab.

In der Abwandlung mit der U-Bahn lauten die Antworten also anders: Ihnen stehen so oder so (nur) 23 Euro Finderlohn zu, egal, ob sich die Verliererin nach sieben Tagen, sieben Monaten, sieben Jahren oder gar nie meldet.

Sie sehen also: Sachen zu finden lohnt sich eher außerhalb von öffentlichen Verkehrsmitteln und Behörden. Sachen zu verlieren eher *darin*.

Und wem gehört nun zu guter Letzt der Schatz auf dem fremden Grundstück? Zur einen Hälfte dem Entdecker, zur anderen dem Eigentümer des Grundstücks. Sie teilen sich den Goldschatz also mit Ihrer Tante. Und sorgfältig, wie das Gesetz ist, legt es sogar genau fest, was überhaupt ein »Schatz« ist: »Eine Sache, die so lange verborgen gelegen hat, dass der Eigentümer nicht mehr zu ermitteln ist.«

Darauf berufen Sie sich:

§ 971 Bürgerliches Gesetzbuch (BGB): Finderlohn
(1) Der Finder kann von dem Empfangsberechtigten einen Finderlohn verlangen. Der Finderlohn beträgt von dem Werte der Sache bis zu 500 Euro fünf vom Hundert, von dem Mehrwert drei vom Hundert, bei Tieren drei vom Hundert. Hat die Sache nur für den Empfangsberechtigten einen Wert, so ist der Finderlohn nach billigem Ermessen zu bestimmen.
(2) Der Anspruch ist ausgeschlossen, wenn der Finder die Anzeigepflicht verletzt oder den Fund auf Nachfrage verheimlicht.

§ 973 BGB: Eigentumserwerb des Finders
(1) Mit dem Ablauf von sechs Monaten nach der Anzeige des Fundes bei der

zuständigen Behörde erwirbt der Finder das Eigentum an der Sache, es sei denn, dass vorher ein Empfangsberechtigter dem Finder bekannt geworden ist oder sein Recht bei der zuständigen Behörde angemeldet hat. […]
(2) Ist die Sache nicht mehr als zehn Euro wert, so beginnt die sechsmonatige Frist mit dem Fund. Der Finder erwirbt das Eigentum nicht, wenn er den Fund auf Nachfrage verheimlicht. Die Anmeldung eines Rechts bei der zuständigen Behörde steht dem Erwerb des Eigentums nicht entgegen.

§ 984 BGB: Schatzfund
Wird eine Sache, die so lange verborgen gelegen hat, dass der Eigentümer nicht mehr zu ermitteln ist (Schatz), entdeckt und infolge der Entdeckung in Besitz genommen, so wird das Eigentum zur Hälfte von dem Entdecker, zur Hälfte von dem Eigentümer der Sache erworben, in welcher der Schatz verborgen war.

Haben Sie das letzte Wort §

Das Testament

Sie haben kürzlich erfahren, dass Sie irgendwann einmal sterben werden. Daher wollen Sie ein Testament machen.

Was tun Sie?

☐ Ich nehme eine Videobotschaft auf und hinterlege sie auf einer DVD im Küchenschrank.

☐ Ich nehme eine Videobotschaft auf und poste sie auf Facebook.

☐ Ich tippe das Testament am Computer und unterschreibe einen Ausdruck.

☐ Ich gehe zum Notar.

☐ Ich nehme Stift und Papier, schreibe mein Testament handschriftlich auf und unterschreibe es.

So viele Möglichkeiten! Nur zwei davon sind richtig – und nur eine davon ist nötig. Alle anderen führen dazu, dass Ihr Testament ungültig ist. Gehen wir die Möglichkeiten durch:

Die Videobotschaft kennen wir aus dem Kino: Da hinterlässt der knarrige Patriarch sein Donnerwetter nebst Enterbungen in einem selbst gedrehten Film an die Familie. Einen solchen Abgang will ich Ihnen nicht nehmen, wenn Ihnen danach ist. Sie können in einer Videobotschaft alles Mögliche an Ihre Nachwelt richten – bloß kein gültiges Testament, ganz egal, ob Sie Ihr Video auf DVD brennen oder im Internet posten. Denn ein Testament muss immer schriftlich verfasst sein.

Allerdings genügt nicht jede Schrift! So scheint das Testament als Datei auf dem Computer zwar pfiffig: Niemand bräuchte sich später mit Ihrer Handschrift herumzuschlagen, und Sie könnten bei Bedarf die Erben einfach austauschen.

Aber auch damit hätten Sie kein gültiges Testament hinterlassen: Ein Text aus Drucker oder Schreibmaschine taugt selbst dann nicht als Letzter Wille, wenn er unterschrieben ist. Damit will das Gesetz verhindern, dass die lieben Verwandten der Oma im Pflegeheim einen vorgefertigten Wisch unter die Nase halten: »Omma, da brauchen wir mal kurz dein Autogramm. Ist nur 'ne Formsache, die Brille musst du gar nicht suchen …«

Wer ein Testament aufsetzt, soll sich darüber im Klaren sein, dass er etwas sehr Wichtiges tut – und sich gut überlegen, *was* er tut.

Diese Voraussetzung ist auf jeden Fall erfüllt, wenn jemand den Weg zum Notar antritt; offizieller geht es ja kaum noch. Sie können dem Notar entweder Ihren Letzten Willen erklären, und er schreibt ihn für Sie auf. Oder Sie bringen Ihr Testament schon aufgeschrieben mit – offen oder verschlossen, ganz, wie Sie wollen. Der Notar stellt Fragen, liest vor, was er selbst aufgeschrieben hat, erläutert und warnt. Er »beurkundet« Ihr Testament und gibt es ans Amtsgericht, wo es verwahrt wird. Beim Notar kann man also immer guten Gewissens ein Testament machen. Nur kostet das Geld.

Wer nicht lesen kann, hat keine andere Möglichkeit, als zum Notar zu gehen. Auch wer minderjährig ist, kann ein Testament nur beim Notar machen – und zwar nur offen und auch nur, wenn er mindestens 16 Jahre alt ist. Wer jünger ist, kann noch gar kein Testament machen, auch nicht über seine Eltern.

Alle anderen haben es billiger und einfacher: zu Hause, nur mit Stift und Papier. Sie müssen das Testament allerdings vollständig selbst mit der Hand schreiben und mit Vor- und Familiennamen unterschreiben. Auch dann geht das Gesetz davon aus, dass Sie alles mit der nötigen Aufmerksamkeit getan haben.

Die Unterschrift muss dabei am Ende stehen – als echte *Unter*schrift. Ort und Datum sollten Sie ebenfalls vermerken. Vor allem das Datum ist wichtig: Widersprechen sich verschiedene Testamente in einem Punkt, gilt in diesem Punkt das, was Sie zuletzt geschrieben haben.

Aufbewahren können Sie Ihr selbst geschriebenes Testament, wo Sie wollen. Unterm Kopfkissen ist genauso gut wie im Banksafe. Natürlich entfaltet das Testament nur dann eine optimale Wirkung, wenn es nach Ihrem Tod jemand findet – zu gut sollten Sie es also nicht verstecken. Und wenn Sie Angst davor haben, dass es ein enterbter Verwandter findet und vernichtet, können Sie auf Nummer sicher gehen und es auch selbst beim Amtsgericht hinterlegen.

Was schreiben Sie rein ins Testament?

Sie können dort Erben und »Vermächtnisnehmer« bestimmen. Und Ihre Nachwelt mit »Auflagen« ärgern.

Die Personen, die Sie als echte Erben einsetzen, erben Ihren Nachlass als »Erbengemeinschaft«. Zum Nachlass gehören Ihr Vermögen *und* Ihre Schulden. Die Erben rücken damit genau in die Position, die *Sie* vor Ihrem Tod hatten – und zwar alle zusammen als Einheit.

Untereinander aufteilen müssen die Erben den Nachlass selbst. Im Testament können Sie bestimmen, dass jemand zum Beispiel die Hälfte bekommen soll, ein anderer nur zehn Prozent. Geben Sie keine Anteile an, wird alles gleichmäßig aufgeteilt. Sie können also einfach die Personen auflisten, die erben sollen, und brauchen sich über die Verteilung selbst keine Gedanken zu machen.

Wollen Sie, dass jemand einen bestimmten Gegenstand bekommt, geht das über ein »Vermächtnis«. Sie schreiben dann zum Beispiel ins Testament, dass Ihr Gitarrenlehrer Ihre Gitarre bekommen soll. Oder Ihre Schwester Ihre Katze.

Der Katze selbst können Sie leider nichts vererben. Sie können aber eine andere Person als Erben oder Vermächtnisnehmer einsetzen und dieser Person die Auflage erteilen, sich nach Ihrem Tod um das Tier zu kümmern.

Eine Auflage können Sie grundsätzlich jedem Erben oder Vermächtnisnehmer aufs Auge drücken. Damit können Sie die Nachwelt doch noch ein bisschen ärgern – das kann dann tatsächlich so sein wie im Kino: Sie können jemandem harmlose Dinge auftragen, wie die Beerdigung zu organisieren oder Ihr Grab zu pflegen. Eine Auflage kann aber auch darin bestehen, an einem bestimmten Ort zu wohnen, einen bestimmten Beruf zu ergreifen, zu heiraten oder nicht zu heiraten. Nimmt die Person das Erbe oder Vermächtnis an, muss sie auch die Auflage erfüllen. Sie kann natürlich auch alles ausschlagen und machen, was sie will – aber dann bekommt sie auch nichts.

Auf diese Weise können auch alle anderen Personen entscheiden, ob sie das Erbe oder Vermächtnis annehmen oder ausschlagen. Sind Sie selbst einmal Erbe, sollten Sie genau prüfen, ob nicht die verstorbene Person mehr Schulden als Vermögen hinterlassen hat. In diesem Fall sollten Sie das Erbe unbedingt ausschlagen – sonst zahlen Sie am Ende drauf. Dafür haben Sie sechs Wochen Zeit, nachdem Sie von der Erbschaft erfahren.

Ignorieren Sie in Ihrem Testament Ihre Kinder, Eltern oder Ihren Ehepartner und hätten die ohne Testament von Ihnen geerbt, benutzt man das hässliche Wort »Enterbung«. Ganz leer gehen die Enterbten aber nicht aus: Die Erben müssen ihnen den Pflichtteil ausbezahlen. Der ist halb so hoch wie das, was sie ohne Testament geerbt hätten.

Daher ist es auch immer gut zu wissen, wer ohne Testament von Ihnen erben würde – das untersuchen wir im nächsten Kapitel.

Darauf berufen Sie sich:

§ 1922 Bürgerliches Gesetzbuch (BGB): Gesamtrechtsnachfolge
(1) Mit dem Tode einer Person (Erbfall) geht deren Vermögen (Erbschaft) als Ganzes auf eine oder mehrere andere Personen (Erben) über. [...]

§ 2231 BGB: Ordentliche Testamente
Ein Testament kann in ordentlicher Form errichtet werden
1. zur Niederschrift eines Notars,
2. durch eine vom Erblasser nach § 2247 abgegebene Erklärung.

§ 2232 BGB: Öffentliches Testament
Zur Niederschrift eines Notars wird ein Testament errichtet, indem der Erblasser dem Notar seinen Letzten Willen erklärt oder ihm eine Schrift mit der Erklärung übergibt, dass die Schrift seinen Letzten Willen enthalte. Der Erblasser kann die Schrift offen oder verschlossen übergeben; sie braucht nicht von ihm geschrieben zu sein.

§ 2247 BGB: Eigenhändiges Testament
(1) Der Erblasser kann ein Testament durch eine eigenhändig geschriebene und unterschriebene Erklärung errichten.
(2) Der Erblasser soll in der Erklärung angeben, zu welcher Zeit (Tag, Monat und Jahr) und an welchem Ort er sie niedergeschrieben hat.
(3) Die Unterschrift soll den Vornamen und den Familiennamen des Erblassers enthalten. [...]

§ 2248 BGB: Verwahrung des eigenhändigen Testaments
Ein nach § 2247 errichtetes Testament ist auf Verlangen des Erblassers in besondere amtliche Verwahrung zu nehmen.

§ 1939 BGB: Vermächtnis
Der Erblasser kann durch Testament einem anderen, ohne ihn als Erben einzusetzen, einen Vermögensvorteil zuwenden (Vermächtnis).

§ 1940 BGB: Auflage
Der Erblasser kann durch Testament den Erben oder einen Vermächtnisnehmer zu einer Leistung verpflichten, ohne einem anderen ein Recht auf die Leistung zuzuwenden (Auflage).

§ 2303 BGB: Pflichtteilsberechtigte; Höhe des Pflichtteils
(1) Ist ein Abkömmling des Erblassers durch Verfügung von Todes wegen von der Erbfolge ausgeschlossen, so kann er von dem Erben den Pflichtteil verlangen. Der Pflichtteil besteht in der Hälfte des Wertes des gesetzlichen Erbteils.
(2) Das gleiche Recht steht den Eltern und dem Ehegatten des Erblassers zu, wenn sie durch Verfügung von Todes wegen von der Erbfolge ausgeschlossen sind. [...]

Klären Sie, ob Sie ein Testament brauchen

Die gesetzliche Erbfolge

Kurz bevor Ihre Tante gestorben ist, hat sie noch groß im Lotto gewonnen. Ein Testament gibt es nicht.

Unter welchen Umständen wird Ihre Tante für Sie zur Erbtante?

1. Sie hinterlässt ein Kind und vier Geschwister (Ihren Vater und drei andere Tanten und Onkels); ihre Eltern (Ihre Großeltern) sind schon lange tot.

2. Sie war kinderlos, hinterlässt einen Bruder (Ihren Vater); ihre Eltern (Ihre Großeltern) leben beide noch.

3. Sie war kinderlos, hinterlässt einen Bruder (Ihren Vater); ihre Mutter (Ihre Großmutter) lebt noch, ihr Vater (Ihr Großvater) ist bereits tot.

4. Sie war kinderlos und hinterlässt einen Ehemann; ihre Eltern (Ihre Großeltern) sind schon tot, ihr einziger Bruder (Ihr Vater) ist ebenfalls schon verstorben.

Nicht jeder braucht ein Testament – das Gesetz regelt genau, wer erbt, wenn jemand ohne Testament stirbt. Passt Ihnen das, können Sie sich die Mühe für ein Testament sparen. Um die Frage entscheiden zu können, sollten Sie die »gesetzliche Erbfolge« kennen.

Die gesetzliche Erbfolge macht es gar nicht so anders, als wir das im Kopf auch tun: Sie steckt die Verwandten in unterschiedliche Schubladen, in wichtige und weniger wichtige. Diese Schubladen nennt es »Ordnungen«. Dabei geht das Gesetz vielleicht etwas emotionsfreier vor als wir: Es steckt

Tante Mathilde nicht in die hinterste Schublade, bloß weil sie uns als Kind immer so streng angesehen hat.

Das gesetzliche System ist sehr nüchtern. Zunächst nennt es den Verstorbenen nicht »Verstorbenen«, sondern »Erblasser«. Das hat nichts damit zu tun, dass er erblasst ist – sondern damit, dass er ein Erbe hinterlässt. Ausgesprochen wird es also nicht »Er-Blasser«, sondern »Erb-Lasser«.

Die Ordnungen verteilt das Gesetz so: Die eigenen Kinder des Erblassers sind in der ersten Ordnung. Seine Eltern sind in der zweiten Ordnung, seine Großeltern in der dritten, seine Urgroßeltern in der vierten und so weiter.

Stirbt jemand, kommt es darauf an, welche Verwandten im Ordnungsrang gerade am weitesten vorn sind. Denn erben kann immer nur die niedrigste Ordnung, in der noch jemand existiert – alle Ordnungen dahinter gehen leer aus. Es ist also immer nur eine Ordnung an der Reihe.

Hatte jemand Kinder, erben die demnach alles allein, denn sie sind in der ersten Ordnung. Eltern, Großeltern und alle anderen Verwandten bekommen nichts. (Der Ehegatte ist *kein* Verwandter, also keine Panik, dazu kommen wir noch.)

In Variante 1 erbt also das Kind Ihrer reichen Tante alles – und sonst niemand etwas, schon gar nicht Sie als Neffe oder Nichte.

Innerhalb einer Ordnung teilen sich alle das Erbe gleichmäßig auf: Von vier Kindern erbt zum Beispiel jedes Kind ein Viertel.

Ist jemand aus der Ordnung, die an der Reihe ist, selbst schon tot, geht sein Anteil auf seine eigenen Kinder über – wenn es welche gibt. Sind die auch schon tot, geht der Anteil auf deren Kinder über und so weiter.

Machen wir es konkret: Ein Erblasser hinterlässt einen Sohn und eine Tochter. Der Sohn ist auch bereits tot, es leben aber noch zwei Kinder von ihm – die Enkel des Erblassers. Dann erbt die Tochter des Erblassers die Hälfte. Der Sohn würde die andere Hälfte erben, wenn er noch leben würde. Für ihn treten seine eigenen Kinder ein, die sich seinen Anteil unter sich teilen. Jeder der beiden Enkel des Erblassers erbt also ein Viertel. Hätte der Sohn des Erblassers keine Kinder hinterlassen, würde die Tochter alles allein erben.

Dieses Prinzip gilt auch für alle anderen Ordnungen.

Schauen wir uns Variante 2 an: Hier hinterlässt Ihre reiche Tante kein eigenes Kind. Es gibt also niemanden aus der ersten Ordnung. Damit kommen die Verwandten aus der zweiten Ordnung zum Zug. Das sind die eigenen Eltern Ihrer reichen Tante. Da sie im Beispiel noch leben, erben sie alles allein, jeder von ihnen die Hälfte. Auch in diesem Fall gehen Sie leer aus.

Variante 3 können Sie nun schon selbst lösen. Versuchen Sie es!

Das kommt heraus: Da Ihre Tante keine Kinder hatte, gibt es keine Erben erster Ordnung. Die Erben zweiter Ordnung sind die Eltern Ihrer Tante, *Ihre* Großeltern. Jeder von ihnen erbt die Hälfte. Es lebt aber nur noch die Mutter. Daher erbt sie die Hälfte – die Hälfte des Vaters Ihrer Tante (*Ihres* Großvaters) geht auf dessen Kinder über, also auf Ihren eigenen Vater. Er erbt die andere Hälfte. Sie erben nichts.

Nun ahnen Sie schon, unter welchen unschönen Umständen Sie selbst überhaupt etwas erben können: Nur wenn Ihr Vater auch schon tot ist. So ist es in Variante 4: Ihre Tante hinterlässt keine Kinder und auch keine eigenen Eltern. An die Stelle ihrer Eltern (*Ihrer* Großeltern) treten deren Kinder – das wäre

Ihr eigener Vater. Da der auch schon tot ist, treten Sie als sein Kind an seine Stelle.

In dieser Variante ist allerdings noch ein überlebender Ehemann Ihrer Tante eingebaut. Er ist – wie schon gesagt – rechtlich kein Verwandter und taucht daher in keiner der Ordnungen auf. Das Gesetz regelt für ihn ein eigenes Erbrecht. Voraussetzung ist, dass die Ehe noch bestand, als der Erblasser starb.

Der Ehegatte darf sich von vornherein schon mal den Hausrat aus der gemeinsamen Wohnung nehmen, ebenso wie die Hochzeitsgeschenke – da ist das Gesetz penibel.

Zusätzlich erhält er Folgendes: Gibt es Kinder oder Enkel des Erblassers, also Erben erster Ordnung, bekommt der Ehegatte ein Viertel. Die Kinder oder Enkel teilen sich den Rest. Gibt es Erben zweiter Ordnung oder erben die Großeltern des Verstorbenen, bekommt der Ehegatte die Hälfte, die anderen teilen sich den Rest. In allen anderen Fällen erbt der Ehegatte allein.

Lebte das Ehepaar in einer »Zugewinngemeinschaft«, bekommt der Ehegatte einen pauschalen Zuschlag von einem Viertel der Erbschaft. Die Zugewinngemeinschaft ist der gesetzliche Normalfall und bedeutet: Die Eheleute müssen alles teilen, was sie während der Ehe an Vermögen hinzugewonnen haben.

Gehen wir davon aus, dass Ihre reiche Tante mit ihrem Mann in diesem Normalfall lebte, ergibt sich diese Lösung: Sie treten an die Stelle Ihres Vaters, sind also Erbe zweiter Ordnung. Daher erbt der überlebende Ehemann die Hälfte. Ein weiteres Viertel bekommt er wegen der Zugewinngemeinschaft – insgesamt also drei Viertel. Für Sie bleibt ein Viertel. Und das kann bei so einer reichen Tante ja einiges sein ...

Wie Sie aus dem letzten Kapitel wissen, umfasst das Erbe aber nicht nur das Vermögen des Verstorbenen – sondern auch seine Schulden. Daher sollten Sie sich erkundigen, ob Ihre Tante wirklich so reich war oder ob nicht in Wahrheit ihre Schulden höher waren als ihr Lottogewinn. Denn dann sollten Sie das Erbe ausschlagen. Das geht nur insgesamt – Sie können nicht den Lottogewinn annehmen und die Schulden ablehnen.

Das kann nur der Staat: Er erbt, wenn es keine anderen Erben gibt. Und der Staat erbt immer nur das Vermögen, niemals die Schulden.

Er macht ja auch die Gesetze …

Darauf berufen Sie sich:

§ 1924 Bürgerliches Gesetzbuch (BGB): Gesetzliche Erben erster Ordnung
(1) Gesetzliche Erben der ersten Ordnung sind die Abkömmlinge des Erblassers.
(2) Ein zur Zeit des Erbfalls lebender Abkömmling schließt die durch ihn mit dem Erblasser verwandten Abkömmlinge von der Erbfolge aus.
(3) An die Stelle eines zur Zeit des Erbfalls nicht mehr lebenden Abkömmlings treten die durch ihn mit dem Erblasser verwandten Abkömmlinge (Erbfolge nach Stämmen).
(4) Kinder erben zu gleichen Teilen.

§ 1925 BGB: Gesetzliche Erben zweiter Ordnung
(1) Gesetzliche Erben der zweiten Ordnung sind die Eltern des Erblassers und deren Abkömmlinge.
(2) Leben zur Zeit des Erbfalls die Eltern, so erben sie allein und zu gleichen Teilen.
(3) Lebt zur Zeit des Erbfalls der Vater oder die Mutter nicht mehr, so treten an die Stelle des Verstorbenen dessen Abkömmlinge nach den für die Beerbung in der ersten Ordnung geltenden Vorschriften. Sind Abkömmlinge nicht vorhanden, so erbt der überlebende Teil allein. […]

§ 1930 BGB: Rangfolge der Ordnungen
Ein Verwandter ist nicht zur Erbfolge berufen, solange ein Verwandter einer vorhergehenden Ordnung vorhanden ist.

§ 1931 BGB: Gesetzliches Erbrecht des Ehegatten
(1) Der überlebende Ehegatte des Erblassers ist neben Verwandten der ersten Ordnung zu einem Viertel, neben Verwandten der zweiten Ordnung oder neben Großeltern zur Hälfte der Erbschaft als gesetzlicher Erbe berufen. [...]
(2) Sind weder Verwandte der ersten oder der zweiten Ordnung noch Großeltern vorhanden, so erhält der überlebende Ehegatte die ganze Erbschaft. [...]

§ 1371 BGB: Zugewinnausgleich im Todesfall
(1) Wird der Güterstand durch den Tod eines Ehegatten beendet, so wird der Ausgleich des Zugewinns dadurch verwirklicht, dass sich der gesetzliche Erbteil des überlebenden Ehegatten um ein Viertel der Erbschaft erhöht; hierbei ist unerheblich, ob die Ehegatten im einzelnen Falle einen Zugewinn erzielt haben. [...]

Halten Sie die Zeit auf

Die Verjährung

Auf der Geburtstagsparty Ihrer besten Freundin, im März 2011: Es wird immer später, die Musik immer schneller, ganz nüchtern ist niemand mehr. In der Küche hat sich eine provisorische Tanzfläche herausgebildet. Bei einer außergewöhnlichen Tanzbewegung stößt Ihre beste Freundin mit ihrem Kopf fest gegen Ihren. Ihre modische Markenbrille zerbricht und Sie erleiden eine Platzwunde, die genäht werden muss.

»Die Zeit heilt alle Platzwunden«, denken Sie und kaufen sich eine neue Brille. Schadensersatzansprüche machen Sie nicht geltend: Es ist ja Ihre beste Freundin.

Als Sie im Januar 2015 erfahren, dass Ihre beste Freundin seit einiger Zeit ein Verhältnis mit Ihrem Mann hat, betrachten Sie die Freundschaft freilich als beendet – und erinnern sich wieder an den Zwischenfall von damals. Sie verlangen nun die Brille ersetzt, die Behandlungskosten für die Platzwunde und Schmerzensgeld.

Ihre ex-beste Freundin beruft sich auf Verjährung.

Hat sie Recht?

Wie wäre die Rechtslage, wenn …

1. die Freundin im Januar 2015 erst gezahlt hätte, nun aber auf anwaltlichen Rat hin das Geld »wegen Verjährung« wieder zurückfordern würde?
2. Sie das Geld schon im Dezember 2014 von der Freundin gefordert hätten?
3. auf der Party damals Ihr eigener Ehemann Sie angerempelt hätte – von dem Sie sich nun, im Januar 2015, wegen der Affäre scheiden lassen und den Schaden ersetzt verlangen?

Grundsätzlich haben Sie gegen Ihre Freundin die genannten Ansprüche – das wissen Sie bereits aus dem Kapitel über den Schadensersatz: Sie hat Ihr Eigentum und Ihren Körper verletzt, und zwar fahrlässig, denn auch auf Küchenbehelfstanzflächen muss jeder so tanzen, dass er andere nicht schädigt.

Dass sie angeheitert war, hilft ihr nicht – selbst wer sich »durch geistige Getränke oder ähnliche Mittel«, wie das Gesetz es nennt, bewusstlos säuft, haftet für die Schäden, die er anrichtet.

Ein Problem könnte darin liegen, dass Sie sich so lange Zeit gelassen haben: Ihre Ansprüche könnten verjährt sein. Und ist ein Anspruch verjährt, kann der Schuldner die Leistung verweigern.

Warum verjähren Ansprüche überhaupt? Der Gesetzgeber will damit »die verdunkelnde Macht der Zeit« berücksichtigen: Mit jedem Jahr wird es schwieriger aufzuklären, was früher einmal geschehen ist. Irgendwann soll daher Frieden herrschen und sich niemand mehr über alte Wunden und alte Brillen streiten. Der Schuldner soll auch nicht für den Rest seines Lebens in Unsicherheit darüber leben müssen, ob er noch zahlen muss. Ihre Freundin soll also irgendwann Klarheit darüber haben, ob sie noch Geld für etwaige Forderungen aus dem Vorfall zur Seite legen muss oder ob sie sich davon eine neue Handtasche kaufen kann.

Die meisten Ansprüche verjähren in drei Jahren – das ist die »regelmäßige Verjährungsfrist« im Zivilrecht. Es gibt einige Ausnahmen, zum Beispiel: Schadensersatzansprüche aus *vorsätzlichen* Taten gegen Leben, Körper, Gesundheit, Freiheit oder sexuelle Selbstbestimmung verjähren erst in 30 Jahren. Ein Anspruch auf ein Grundstück, etwa aus einem Grundstückskaufvertrag, verjährt in zehn Jahren, der Anspruch auf Herausgabe einer Sache an den Eigentümer in 30 Jahren.

In unserem Fall haben wir es mit der regelmäßigen Verjährungsfrist von drei Jahren zu tun. Und zwischen März 2011 und Januar 2015 liegen schon fast vier Jahre.

Die Lösung des Ausgangsfalls lautet daher: Ihre ex-beste Freundin hat Recht. Die Sache ist verjährt, und sie braucht Ihnen nichts mehr zu zahlen.

Die Verjährung ist allerdings nur eine »Einrede«. Das ist eine Verteidigung, auf die man sich ausdrücklich berufen muss – sonst wirkt sie nicht. Der verjährte Anspruch besteht also weiterhin, der Schuldner *kann* die Zahlung nur verweigern. Er kann aber auch zahlen, wenn er das für anständig hält.

Zahlt er, kann er das Geld nicht mehr zurückfordern – selbst wenn er gar nicht wusste, dass die Forderung verjährt war. Auch vor Gericht muss jeder Schuldner selbst prüfen, ob eine Forderung gegen ihn verjährt ist, und sich dann ausdrücklich darauf berufen. Das Gericht darf Sie von sich aus nicht darauf aufmerksam machen, dass Sie von einer Verjährung profitieren können. Darauf müssen Sie selbst kommen!

In Abwandlung 1 hat Ihre frühere Freundin also Pech: Besser hätte sie sich vorher informiert. Sie kann das Geld nicht mehr zurückfordern.

Das Ergebnis war allerdings knapper, als es scheint: Die regelmäßige Verjährung beginnt nämlich immer erst am Ende des Jahres zu laufen, in dem der Anspruch entstanden ist. Obwohl der Tanzunfall also bereits im März 2011 passiert ist, begann die Verjährungsfrist erst am 31. Dezember 2011 zu laufen. Sie endete daher auch erst am 31. Dezember 2014.

In Abwandlung 2, im Dezember 2014, wären Ihre Ansprüche also noch nicht verjährt gewesen.

Außerdem beginnt die Frist nicht zu laufen, solange Sie gar

nicht wissen, dass und gegen wen Sie einen Anspruch haben. Hat ein Arzt Sie zum Beispiel falsch behandelt, zeigt sich das vielleicht erst, wenn nach mehr als drei Jahren Probleme auftreten. Dann beginnt die Verjährungsfrist erst am Ende des Jahres zu laufen, in dem Sie von dem Behandlungsfehler erfahren. Oder nehmen wir an, statt auf der Privatparty hat Sie ein Unbekannter in einer Disco angerempelt und sich aus dem Staub gemacht. Erfahren Sie Jahre später, wer es war, beginnt die Verjährungsfrist erst am Ende dieses Jahres zu laufen.

Natürlich können Sie die Verjährung nicht beliebig hinauszögern, indem Sie einfach Augen und Ohren schließen. Die Verjährung beginnt nämlich auch dann zu laufen, wenn Sie die nötigen Informationen ganz leicht herausfinden *könnten* und es bloß nicht tun. Nehmen wir an, der Stoß auf der Party erfolgte von hinten, und Sie konnten nicht sehen, wer es war: Dann würde es Ihnen nichts helfen, die anderen zu bitten: »Sagt mir auf keinen Fall, wer mich angerempelt hat, damit die Verjährung nicht zu laufen beginnt.«

Und wenn sich die Informationen sehr lange nicht ermitteln lassen? Auch dann soll irgendwann Frieden eintreten, die Verjährung ist nicht bis in alle Ewigkeit aufgeschoben. Sind Leben, Körper, Gesundheit oder Freiheit verletzt worden, ist allerspätestens 30 Jahre nach der Verletzung Schluss. Die meisten anderen Ansprüche verjähren allerspätestens in zehn Jahren, selbst wenn Sie bis dahin keine Chance hatten, sie geltend zu machen.

Was können Sie tun, um eine drohende Verjährung aufzuhalten? Da gibt es hauptsächlich zwei Möglichkeiten: verhandeln oder klagen. Solange Verhandlungen zwischen den Parteien laufen, ist die Verjährung »gehemmt«. Das heißt, die entsprechende Zeit wird hinten wieder angehängt. Das

Gleiche gilt, solange ein Gerichtsverfahren läuft, auch ein gerichtliches Mahnverfahren.

Erkennt Ihre Schädigerin die Forderung irgendwie an, zum Beispiel, indem sie einen Abschlag zahlt, beginnen die drei Jahre von vorn zu laufen. Und haben Sie erst mal ein rechtskräftiges Urteil, bleiben Ihnen sogar 30 Jahre Zeit, es zu vollstrecken. Selbst wenn *die* auch abzulaufen drohen, müssen Sie nur einen Gerichtsvollzieher vorbeischicken, und die 30 Jahre fangen von vorn an zu laufen. Und so weiter – auf diese Weise können Sie über 2000 Jahre und älter werden, ohne den Anspruch gegen Ihre ex-beste Freundin verjähren zu lassen.

Auch zwischen Eheleuten ist die Verjährung gehemmt, solange die Ehe besteht – bei sehr sensiblen Menschen könnte es nämlich Spannungen hervorrufen, vom Ehepartner verklagt zu werden. Erst nach der Scheidung beginnt die Verjährungsfrist zu laufen.

In Abwandlung 3 können Sie also jetzt, nach der Scheidung, ganz gemütlich anfangen, alte Wäsche zu waschen.

Darauf berufen Sie sich:

§ 214 Bürgerliches Gesetzbuch (BGB): Wirkung der Verjährung
(1) Nach Eintritt der Verjährung ist der Schuldner berechtigt, die Leistung zu verweigern.
(2) Das zur Befriedigung eines verjährten Anspruchs Geleistete kann nicht zurückgefordert werden, auch wenn in Unkenntnis der Verjährung geleistet worden ist. [...]

§ 195 BGB: Regelmäßige Verjährungsfrist
Die regelmäßige Verjährungsfrist beträgt drei Jahre.

§ 197 BGB: Dreißigjährige Verjährungsfrist
(1) In 30 Jahren verjähren, soweit nichts anderes bestimmt ist,
1. Schadensersatzansprüche, die auf der vorsätzlichen Verletzung des Lebens, des Körpers, der Gesundheit, der Freiheit oder der sexuellen Selbstbestimmung beruhen,
2. Herausgabeansprüche aus Eigentum [...]
3. rechtskräftig festgestellte Ansprüche [...]

§ 199 BGB: Beginn der regelmäßigen Verjährungsfrist und Verjährungshöchstfristen
(1) Die regelmäßige Verjährungsfrist beginnt, soweit nicht ein anderer Verjährungsbeginn bestimmt ist, mit dem Schluss des Jahres, in dem
1. der Anspruch entstanden ist und
2. der Gläubiger von den den Anspruch begründenden Umständen und der Person des Schuldners Kenntnis erlangt oder ohne grobe Fahrlässigkeit erlangen müsste. [...]

Nutzen Sie fremde Sachen legal

Der Diebstahl

Mit Ihrem sechsjährigen Sohn stehen Sie an der Supermarktkasse. Während Ihre Waren über den Scanner laufen, hören Sie Ihren Sohn laut zu Ihnen sagen:

»Willst du die Sachen in deiner Jackentasche denn nicht bezahlen?«

Die Aufmerksamkeit von vier Kassiererinnen nebst ihren Kassenschlangen richtet sich auf Sie. Lächelnd fassen Sie in Ihre Tasche. Und ziehen, jetzt nicht mehr ganz so überzeugend lächelnd, zwei Schokoriegel heraus.

Hat sich jemand strafbar gemacht?

Womöglich hat jemand einen Diebstahl begangen, entweder Sie selbst oder Ihr lustiger kleiner Sohn.

Ein Diebstahl setzt zunächst voraus, dass jemand einem anderen eine »fremde bewegliche Sache wegnimmt«.

Eine Sache ist jeder körperliche Gegenstand. Er kann fest, flüssig oder gasförmig sein, so dass man auch Wasser oder Gas stehlen kann. Auch Tiere sind, strafrechtlich gesehen, Sachen.

Keine Sache ist elektrischer Strom, denn er besteht nur in der *Bewegung* von Elektronen in einer Leitung. »Stromdiebstahl« ist also rechtlich kein Diebstahl. Diese Lücke im Strafrecht hatten manche ausgenutzt, bis der Gesetzgeber dafür einen eigenen Straftatbestand schuf: die »Entziehung elektrischer Energie«.

Die Schokoriegel in unserem Fall machen uns da weniger Probleme: Sie sind ohne Zweifel Sachen.

Und um zu klären, ob eine Sache beweglich ist, nutzen Juristen folgende Definition: »Beweglich ist eine Sache, wenn sie tatsächlich fortbewegt werden kann.« Diese überaus hilfreiche Formel führt auch hier zielsicher zum Ergebnis: Ja, die Schokoriegel sind bewegliche Sachen.

Unbeweglich ist zum Beispiel ein Haus. Das können Sie in der Realität nicht mitgehen lassen, und deshalb ist auch rechtlich ein Diebstahl an Immobilien nicht möglich. Um sich ein Grundstück unter den Nagel zu reißen, könnten Sie das Grundbuch fälschen – dagegen gibt es andere Vorschriften wie die Urkundenfälschung.

Aber zurück zu den Schokoriegeln: Die müssten Ihnen auch rechtlich »fremd« gewesen sein, also einem anderen gehört haben. An eigenen Sachen kann man selbst dann keinen Diebstahl begehen, wenn man sie jemandem unzulässigerweise wegnimmt: Mieten Sie ein Auto und holt sich der Vermieter das Auto nachts einfach zurück, verstößt er damit gegen den Mietvertrag. Er begeht aber keinen Diebstahl.

Die Schokoriegel allerdings gehörten dem Supermarkt und waren daher für Sie genauso fremd wie für Ihren Sohn.

Doch waren sie dem Supermarkt auch schon »weggenommen«? Sie hatten ja noch nicht einmal die Kasse passiert.

»Wegnehmen« bedeutet beim Diebstahl: Sie nehmen die Sache aus dem Einflussbereich einer Person und bringen sie in den Einflussbereich einer anderen Person – Ihren eigenen oder den eines Dritten. Das tun Sie zum Beispiel, wenn Sie ein fremdes Auto von dem Parkplatz wegfahren, an dem es der Eigentümer wieder suchen wird, und es auf Ihren Hof stellen.

Solange die Schokoriegel im Regal lagen, befanden sie sich im Einflussbereich des Supermarktbetreibers – denn er herrscht über dieses Regal. Von dort wanderten sie in Ihre Jackentasche. Waren sie damit schon in *Ihrem* Einflussbereich, auch wenn Sie und die Riegel sich noch innerhalb des Supermarkts befanden?

Klären wir es mit folgendem Test: Würde der Supermarktbetreiber Sie fragen, bevor er Ihnen in die Tasche greift – oder würde er Ihnen völlig selbstverständlich an die Wäsche gehen? Er würde sicher erst fragen. Das belegt: Ihre Jackentasche unterliegt Ihrem Einflussbereich, egal, ob innerhalb oder außerhalb des Supermarkts. Rechtlich waren die Schokoriegel also bereits »weggenommen«, als sie in Ihrer Jackentasche landeten.

Allerdings: Sie selbst haben sich die Schokoriegel nicht in die Tasche gesteckt. Das war Ihr Sohn. Sie selbst haben sich daher nicht strafbar gemacht.

Und Ihr Sohn? Wie gesagt, reicht es für den Diebstahl aus, die Sache in den Einflussbereich einer dritten Person zu bringen. Indem Ihr Sohn also die Schokoriegel aus dem Regal genommen und in Ihre Jackentasche geschoben hat, hat er »fremde bewegliche Sachen weggenommen«. Das hat er auch vorsätzlich getan.

Der Dieb muss dabei in der Absicht handeln, sich selbst oder einem anderem die Sache »rechtswidrig zuzueignen«. Das heißt: Er muss wollen, dass er selbst oder ein anderer die Sache wie ein Eigentümer nutzt *und* der eigentliche Eigentümer die Sache nicht zurückbekommt.

Ist eine dieser beiden Voraussetzungen nicht erfüllt, liegt kein Diebstahl vor: Nehmen Sie Ihrer Nachbarin den Kanarienvogel weg, um ihn aus dem Fenster fliegen zu lassen, weil Sie das Gezwitscher nervt, begehen Sie keinen Diebstahl. Denn Sie wollen sich den Vogel ja gerade nicht zueignen, sondern ihn loswerden. (Darin läge übrigens auch keine Sachbeschädigung, denn Sie hätten auch nichts beschädigt.)

Lassen Sie beim Juwelier einen Ring mitgehen in der Absicht, ihn nur einen Abend lang zu tragen und dann wieder

zurückzugeben, ist das ebenfalls kein Diebstahl. Es ist nur eine »Gebrauchsanmaßung«. Sie ist grundsätzlich nicht strafbar, jedenfalls solange eine neue Sache neuwertig bleibt: »Leihen« Sie sich ein Buch aus einer Buchhandlung zum Lesen aus, kann es nicht mehr als neu verkauft werden, denn man merkt einem Buch an, wenn es schon jemand gelesen hat. Juristen sagen, Sie haben dem Buch den »Sachwert« genommen, und werten das dann doch wieder als Diebstahl.

Und es gibt noch eine weitere wichtige Ausnahme, bei der eine Gebrauchsanmaßung strafbar ist: Wenn Sie sich eigenmächtig ein fremdes Fahrzeug ausleihen, sei es ein Auto oder ein Fahrrad. Das erfüllt den Spezialtatbestand des »unbefugten Gebrauchs eines Fahrzeugs«. Der soll verhindern, dass nächtliche Kneipenbesucher allzu sorglos auf die U-Bahn verzichten.

Zurück zu unserem Fall: Eine Sache aufzuessen ist eine recht deutliche Form der Zueignung. Falls Ihr Sohn also die Schokoriegel essen wollte, hat er den Tatbestand des Diebstahls verwirklicht. Falls er Ihnen nur einen Streich spielen und alles zurückgeben wollte, nicht. Entscheidend ist seine Absicht in dem Zeitpunkt, in dem er Ihnen die Sachen in die Jackentasche geschoben hat. Denn in diesem Zeitpunkt ist die Tat, wie wir festgestellt haben, ja schon vollendet.

Letztlich ist das aber egal. Denn Ihr Sohn ist mit seinen sechs Jahren noch schuldunfähig – und zwar so lange, bis er 14 wird. Er könnte also ruhig zugeben, dass er die Riegel mit nach Hause nehmen und essen wollte, und würde trotzdem nicht bestraft werden.

Wie Sie es also drehen und wenden: Einen echten Diebstahl bekommen Sie nur hin, wenn Sie selbst die Schokoriegel einstecken *und* dabei beabsichtigen, sie zu behalten.

Ob sich das lohnt, lesen Sie im Gesetz, das nun folgt.

Darauf berufen Sie sich:

§ 242 Strafgesetzbuch (StGB): Diebstahl
(1) Wer eine fremde bewegliche Sache einem anderen in der Absicht weg-nimmt, die Sache sich oder einem Dritten rechtswidrig zuzueignen, wird mit Freiheitsstrafe bis zu fünf Jahren oder mit Geldstrafe bestraft.
(2) Der Versuch ist strafbar.

§ 248b StGB: Unbefugter Gebrauch eines Fahrzeugs
(1) Wer ein Kraftfahrzeug oder ein Fahrrad gegen den Willen des Berechtigten in Gebrauch nimmt, wird mit Freiheitsstrafe bis zu drei Jahren oder mit Geld-strafe bestraft, wenn die Tat nicht in anderen Vorschriften mit schwererer Stra-fe bedroht ist.
(2) Der Versuch ist strafbar. [...]

§ 248c StGB: Entziehung elektrischer Energie
(1) Wer einer elektrischen Anlage oder Einrichtung fremde elektrische Energie mittels eines Leiters entzieht, der zur ordnungsmäßigen Entnahme von Energie aus der Anlage oder Einrichtung nicht bestimmt ist, wird, wenn er die Hand-lung in der Absicht begeht, die elektrische Energie sich oder einem Dritten rechtswidrig zuzueignen, mit Freiheitsstrafe bis zu fünf Jahren oder mit Geld-strafe bestraft.
(2) Der Versuch ist strafbar. [...]

§ 19 StGB: Schuldunfähigkeit des Kindes
Schuldunfähig ist, wer bei Begehung der Tat noch nicht vierzehn Jahre alt ist.

Lügen Sie ungestraft –
Teil I

Der Betrug

Mit einem großen Umschlag steht Ihre Kollegin bei Ihnen im Büro.

»Du weißt doch, der Flipsi heiratet, und wir sammeln für sein Geschenk. Er wünscht sich ein bisschen Taschengeld für die Flitterwochen«, sagt sie – mit spitzen Lippen, denn Flipsi hat Ihnen gerade erst die Beförderungsstelle weggeschnappt. Jeder weiß, dass Sie Flipsi seitdem hassen und nur noch Philipp nennen. Aber Sie wollen sich nicht lumpen lassen.

»Wie viel haben denn die anderen für Philipp gegeben?«, fragen Sie beiläufig.

»Bisher hat jeder 50 Euro reingetan.«

»Auch der Heidmüller?«, entgegnen Sie entsetzt.

»Ja, auch der Heidmüller.«

Herr Heidmüller ist der Kollege, dem Philipp vor Ihnen die Stelle streitig gemacht hat.

Seufzend legen Sie 50 Euro in den Umschlag.

In der Mittagspause lacht Heidmüller Sie aus.

»50 Euro? Du Idiot! Ich hab 'nen Fünfer reingetan. Das ist Betrug, was die mit dir gemacht hat! Du solltest sie anzeigen!«

Hat sich Ihre Kollegin strafbar gemacht?

Wie ist die Rechtslage, wenn die Kollegin …

1. das Geld für eine eigene Reise verwendet?
2. sich mit der Masche nur die 50 Euro wiederholt, die sie Ihnen mal geliehen hat und die Sie ständig zurückzuzahlen »vergessen«?

Im Alltag nennen wir es schon »Betrug«, wenn jemand dem Partner fremdgeht. Auch wenn jemand seinen Lebenslauf frisiert, wenn eine Firma eine winzige Creme in einer großen Verpackung versteckt oder eine Organisation Umfrageergebnisse fälscht, ist das im Volksmund schnell »Betrug«. Denn der Volksmund setzt betrügen meist mit lügen gleich.

Wann liegt aber ein Betrug im strafrechtlichen Sinn vor?

Das Lügen ist jedenfalls ein guter Anfang für den Weg ins Gefängnis: Ein Betrug erfordert zunächst tatsächlich, dass jemand einen anderen Menschen täuscht und dadurch in diesem Menschen einen Irrtum hervorruft oder zumindest aufrechterhält.

Täuschen kann man nicht nur durch eine ausdrückliche Lüge wie: »Nein, ich habe derzeit kein Verhältnis mit deiner Freundin.« Sondern auch durch eine Aussage zwischen den Zeilen: Halte ich an der Kasse zum Beispiel einen Geldschein hin, sage ich damit indirekt »Dieses Geld ist echt« – ohne das auszusprechen. Ist es Falschgeld, täusche ich also, ohne ausdrücklich etwas zu sagen. Auch wenn die Schaffnerin im Zug nach Zugestiegenen fragt und ich angestrengt in mein Smartphone tippe, obwohl ich gerade ohne Fahrschein eingestiegen bin, täusche ich jemanden, ohne ausdrücklich zu lügen.

Hiervon gibt es wichtige Ausnahmen: Nehmen Sie von jemandem etwas an, sagen Sie damit nicht automatisch, dass Ihnen das zusteht. Behalten Sie also zu viel herausgegebenes Wechselgeld, ist das zwar nicht sehr ehrlich – aber kein Betrug. Jeder muss selbst prüfen, was er anderen gibt.

Die zweite wichtige Ausnahme betrifft die Preisbildung: Wer etwas zu einem bestimmten Preis anbietet, sagt damit nicht automatisch, dieser Preis sei angemessen. Auf einem freien Markt darf man grundsätzlich auch überhöhte Preise verlangen – sonst säße ganz München im Gefängnis. Nur in

bestimmten Bereichen, zum Beispiel bei der Wohnungsmiete, dürfen Preise nicht beliebig hoch sein.

Theoretisch dürfen Sie also auch einen Ring aus Falschgold zum Preis eines Rings aus echtem Gold verkaufen – vorausgesetzt, Sie sagen, dass er aus Falschgold ist, und finden einen Dummen, der ihn kauft. Nur Falschgold zum Preis von echtem Gold verkaufen *und* so tun, als *wäre* es echt – das dürfen Sie nicht mal in München.

Eine solche Ausnahme liegt in unserem Fall aber nicht vor. Die fiese Kollegin hat Sie ausdrücklich darüber getäuscht, wie viel die anderen für das Geschenk gespendet haben.

Für einen strafrechtlichen Betrug muss allerdings noch viel mehr zusammenkommen als eine bloße Täuschung – sonst würden wir uns alle ständig strafbar machen: Es muss jemand ärmer und ein anderer reicher werden. Und zwar zu Unrecht.

Damit scheiden zum Beispiel die Fälle aus, in denen jemand bloß sein Image aufpoliert: Der Konzertveranstalter, der hinterher sagt, bei dem Konzert wären 40 Millionen Menschen gewesen, obwohl es nur 40 waren, begeht keinen Betrug.

Die getäuschte Person muss irgendetwas tun, mit dem sie ihr eigenes oder ein fremdes Vermögen unmittelbar mindert: zum Beispiel jemandem Geld zahlen oder eine Sache geben. Es kann auch schon reichen, einen Vertrag zu schließen und sich so eine rechtliche Verpflichtung einzufangen.

Das Opfer muss dadurch einen Schaden erleiden: Insgesamt muss sein Vermögen hinterher geringer sein als vorher.

Das ist nicht der Fall, wenn es eine entsprechende Gegenleistung gibt. Angenommen, Sie wollen sich eine leichte Sommerjacke kaufen, lassen sich jedoch von der Verkäuferin erzählen, wegen des Klimawandels werde es in den Sommermonaten durchgehend minus 10 Grad sein. Deshalb kaufen Sie den teuren Daunenanorak für 300 Euro. Dann sind Sie zwar getäuscht worden und haben aufgrund der Täuschung auch 300 Euro ausgegeben. Ist der Daunenanorak das aber wert, hat sich Ihr Vermögen unterm Strich nicht verändert. Die Verkäuferin hat Sie dann nicht betrogen. Anders kann es allerdings sein, wenn Ihnen jemand etwas aufschwatzt, das Sie überhaupt nicht verwenden können, das also subjektiv für Sie wertlos ist.

Erschwindelt sich jemand einen Job, indem er zum Beispiel seine relevante Berufserfahrung von fünf Monaten auf fünf Jahre hochsetzt, begeht er damit keinen Betrug, solange er die nötigen Fähigkeiten für den Job hat. Denn der Arbeitgeber bekommt eine brauchbare Arbeitskraft als Gegenleistung. Anders ist es, wenn jemand Qualifikation vortäuscht, die er zwingend für die Tätigkeit braucht: Wenn Sie gar keine Ärztin sind und sich eine Oberarztstelle ergaunern, ist das Betrug.

In unserem Beispiel haben Sie 50 Euro weggegeben und sind um diese 50 Euro ärmer, während Flipsi um denselben Betrag reicher ist.

Allerdings gilt bei Spenden und Geschenken eine Besonderheit: Es ist von vornherein klar, dass Sie keine Gegenleistung bekommen. Solange das Geld für den Zweck verwendet wird, für den Sie es gegeben haben, können Sie sich nicht beschweren. Gibt sich jemand fälschlich als Mitarbeiter des städtischen Tierheims aus und sammelt dafür Spenden, begeht er keinen Betrug, solange die Spenden beim Tierheim landen.

Im Ausgangsfall hat sich daher Ihre Kollegin am Ende doch nicht strafbar gemacht: Sie haben 50 Euro für Flipsi – pardon: Philipp – gespendet, und die hat er auch bekommen. Dass Sie es nur getan haben, um nicht blöd auszusehen, macht aus der Sache keinen Betrug. Anders hat das zwar mal ein hohes Gericht in Bayern vor über 60 Jahren entschieden – diese Entscheidung gilt heute aber als überholt.

In Abwandlung 1 geht Ihr Geld hingegen nicht an Flipsi, sondern die Kollegin behält es für sich. Hier haben Sie rechtlich einen Schaden erlitten, denn Ihre Spende hat ihren Zweck verfehlt.

Ihre Kollegin hat auch vorsätzlich gehandelt. Um den Betrug komplett zu machen, muss sie zudem die Absicht gehabt haben, sich oder einen anderen zu bereichern – und zwar zu Unrecht. Auch diese Voraussetzung ist erfüllt: Ihre Kollegin hatte keinen Anspruch darauf, von Ihnen 50 Euro für ihre eigene Reise zu bekommen. Sie hat also einen Betrug begangen.

Bei Abwandlung 2 hingegen holt sich die Kollegin von Ihnen nur mit einem Trick das Geld zurück, das Sie ihr ohnehin schuldeten. Das ist clever, aber kein Betrug. Denn sie hat sich nicht zu *Unrecht* bereichert.

Nur in Abwandlung 1 hat sich Ihre Kollegin also wegen Betrugs strafbar gemacht. In allen anderen Fällen sind Sie bloß verarscht worden.

Darauf berufen Sie sich:

§ 263 Strafgesetzbuch (StGB): Betrug
(1) Wer in der Absicht, sich oder einem Dritten einen rechtswidrigen Vermögensvorteil zu verschaffen, das Vermögen eines anderen dadurch beschädigt, dass er durch Vorspiegelung falscher oder durch Entstellung oder Unterdrückung wahrer Tatsachen einen Irrtum erregt oder unterhält, wird mit Freiheitsstrafe bis zu fünf Jahren oder mit Geldstrafe bestraft.
(2) Der Versuch ist strafbar. [...]

Lügen Sie ungestraft – Teil II

Die Urkundenfälschung

Sie haben eine faszinierend wirkungsvolle Methode gefunden, der Hausverwaltung auf die Sprünge zu helfen: Seit Sie Ihrem Briefbogen das Wort »Rechtsanwalt« hinzugefügt haben, reagiert sie auf alles sofort – auf die kaputte Heizung im Winter ebenso wie auf die falsche Nebenkostenabrechnung im Sommer.

Ein Freund meint, Sie könnten »vielleicht Probleme mit Urkundenfälschung oder so« bekommen; immerhin seien Sie ja in Wirklichkeit gar kein Anwalt.

Hat er Recht?

Zusatzfrage: Angenommen, Sie haben beim Einzug in Ihre Wohnung die Kaution in Höhe von 2000 Euro bar bezahlt. Wie Sie erst später feststellen, hat die Hausverwaltung versehentlich nur 1000 Euro auf der handschriftlichen Quittung vermerkt. Sie korrigieren den Fehler kurzerhand selbst und machen aus der »1« eine »2«.

Können Sie strafrechtliche Probleme bekommen?

Die Urkundenfälschung umfasst viele Handlungen – aber auch wieder weniger, als viele denken. Strafbar ist, eine »unechte Urkunde« herzustellen oder eine echte Urkunde zu verfälschen.

Eine Urkunde braucht dabei nicht so formell zu sein, wie es klingt. Sie hat im Wesentlichen drei Voraussetzungen:

Nötig ist erstens eine Aussage, die jemand aufgeschrieben oder aufgemalt hat. So enthält ein Examenszeugnis die Aussage, dass eine bestimmte Person eine Prüfung bestanden hat. Aber auch ein Bierdeckel mit Strichen enthält eine Aussage: Dass die Person an diesem Platz eine bestimmte Anzahl von Getränken konsumiert hat.

Die Urkunde muss zweitens erkennen lassen, wer sie ausgestellt hat. Das ist beim Examenszeugnis kein Problem. Beim Bierdeckel ist es schwieriger. Trotzdem haben Gerichte auch hier entschieden: Es reicht, wenn sich der Aussteller aus den Umständen erkennen lässt. Und bei einem Bierdeckel mit Zählstrichen auf einem Kneipentisch ist klar, dass der Wirt die Striche gemacht hat.

Drittens muss das Dokument zumindest theoretisch als Beweis vor Gericht taugen. So kann ein Examenszeugnis eine Qualifikation nachweisen – und der Wirt kann mit den Strichen auf dem Bierdeckel die Zeche einklagen. Beides sind also Urkunden.

Sind danach Ihre Briefe an die Hausverwaltung Urkunden?

Sie enthalten Aussagen, lassen Sie als Aussteller erkennen und könnten auch einmal vor Gericht als Beweismittel dienen – etwa dafür, dass Sie die Hausverwaltung schon Ende Oktober gebeten haben, die Heizung zu reparieren. Also ja.

Die entscheidende Frage lautet daher: Wann ist die Urkunde unecht?

Das ist sie dann, wenn sie den Eindruck erweckt, von einer anderen Person ausgestellt zu sein, als sie es in Wirklichkeit ist – und zwar *nur* dann.

Fälsche ich mir ein Examenszeugnis und male ein Siegel des Prüfungsamts darauf, gebe ich vor, das Prüfungsamt hätte dieses Zeugnis ausgestellt. In Wirklichkeit habe ich es selbst ausgestellt. Also ist diese Urkunde unecht.

Anders ist es aber bei Ihren »Rechtsanwalt«-Briefen. Darauf stehen ja Ihr Name und Ihre Unterschrift. Sie täuschen gerade nicht vor, jemand anderes hätte diese Briefe geschrieben. Deshalb haben Sie damit keine unechten Urkunden hergestellt – sondern echte!

Natürlich lügen Sie, wenn Sie sich als Rechtsanwalt ausgeben und keiner sind. Aber bei der Frage, ob eine Urkunde unecht ist, geht es nicht darum, ob die Aussage der Urkunde inhaltlich korrekt ist. Sondern allein um die Frage: Stammt die Urkunde von demjenigen, den sie als Aussteller ausweist?

Eine Urkundenfälschung begehen Sie mit Ihrer Masche also nicht.

»Rechtsanwalt« ist allerdings eine geschützte Berufsbezeichnung, die man nicht nutzen darf, wenn man nicht Rechtsanwalt ist. Deshalb können Sie wegen »Missbrauchs von Berufsbezeichnungen« Probleme bekommen. Darauf steht allerdings nur bis zu ein Jahr Gefängnis – bei Urkundenfälschung kann es bis zu fünf Jahre geben. Auch Bezeichnungen wie »Arzt«, »Psychotherapeut« oder »Wirtschaftsprüfer« darf nicht jeder verwenden.

Aber längst nicht jede Berufsbezeichnung ist geschützt! Beeindrucken Sie zum Beispiel Ihre Hausverwaltung mit dem (gelogenen) Zusatz »Journalist« oder gar »TV-Journalist«, begehen Sie damit weder eine Urkundenfälschung noch eine sonstige Straftat.

Schauen wir uns nun die zweite Möglichkeit an, eine Urkundenfälschung zu begehen: eine echte Urkunde zu verfälschen. Das tut, wer eine echte Urkunde so verändert, dass sie unecht wird – dass sie also nicht mehr von dem Aussteller stammt, von dem sie zu stammen scheint. Das könnte in der Zusatzfrage mit der Quittung eine Rolle spielen.

Die Quittung ist eine Urkunde: Sie enthält die Aussage,

dass Sie der Hausverwaltung 1000 Euro gezahlt haben. Sie lässt den Aussteller erkennen, nämlich die Hausverwaltung. Natürlich kann sie auch Beweis vor Gericht sein.

Die Quittung ist auch echt im Sinne des Gesetzes: Die Hausverwaltung hat sie so ausgestellt. Dass sie inhaltlich falsch ist, weil Sie in Wirklichkeit 2000 Euro bezahlt haben, ändert daran nichts.

Machen Sie nun aus der »1« eine »2«, dann machen Sie die Quittung inhaltlich richtig. Aber rechtlich machen Sie aus einer echten Urkunde eine unechte. Denn Sie erwecken den Eindruck, als hätte die Hausverwaltung, deren Unterschrift ja nach wie vor daruntersteht, die Quittung so ausgestellt – das hat sie aber nicht.

Nötig für eine Urkundenfälschung ist dann noch, dass Sie damit wirklich jemanden täuschen wollen. Das tun Sie, denn Sie wollen die Quittung ja nicht ins Museum hängen, sondern einmal als Quittung benutzen.

Auch wenn Sie lediglich einen inhaltlichen Fehler korrigieren, begehen Sie also bei der Zusatzfrage eine Urkundenfälschung. Ihnen bleibt auf legalem Weg nur, die Hausverwaltung zu bitten, die Quittung zu berichtigen.

Schließlich macht sich auch jeder strafbar, der eine unechte oder verfälschte Urkunde benutzt. Legen Sie also die von Ihnen selbst korrigierte Quittung später der Hausverwaltung oder gar einem Gericht vor, begehen Sie auch damit eine Straftat. Beauftragen Sie einen Freund, mit dieser Quittung die Kaution abzuholen, und weiß der, dass die Quittung von Ihnen korrigiert ist, macht sich der Freund strafbar.

Nun wissen Sie nicht nur, wie Sie ungestraft lügen und für die Wahrheit bestraft werden können. Dieses Kapitel erinnert uns auch daran, dass längst nicht alles richtig ist, was irgendwo geschrieben steht. Schenken Sie daher auch dem geschriebenen Wort kein zu großes Vertrauen.

Es kann haarsträubend falsch sein, manchmal ganz legal.

Darauf berufen Sie sich:

§ 267 Strafgesetzbuch (StGB): Urkundenfälschung
(1) Wer zur Täuschung im Rechtsverkehr eine unechte Urkunde herstellt, eine echte Urkunde verfälscht oder eine unechte oder verfälschte Urkunde gebraucht, wird mit Freiheitsstrafe bis zu fünf Jahren oder mit Geldstrafe bestraft.
(2) Der Versuch ist strafbar. […]

§ 132a StGB: Missbrauch von Titeln, Berufsbezeichnungen und Abzeichen
(1) Wer unbefugt […] 2. die Berufsbezeichnung Arzt, Zahnarzt, Psychologischer Psychotherapeut, Kinder- und Jugendlichenpsychotherapeut, Psychotherapeut, Tierarzt, Apotheker, Rechtsanwalt, Patentanwalt, Wirtschaftsprüfer, vereidigter Buchprüfer, Steuerberater oder Steuerbevollmächtigter führt, […] wird mit Freiheitsstrafe bis zu einem Jahr oder mit Geldstrafe bestraft.
(2) Den in Absatz 1 genannten Bezeichnungen […] stehen solche gleich, die ihnen zum Verwechseln ähnlich sind. […]

Zeigen Sie anderen, wo der Schirm hängt

Die Notwehr

Während Sie auf die U-Bahn warten, merken Sie gerade noch rechtzeitig, dass Ihnen jemand die Geldbörse aus der Tasche gezogen hat und sich damit aus dem Staub macht. Bei sich tragen Sie einen langen Regenschirm mit Massivholzanteil.

Was dürfen Sie tun?

☐ Ich darf mir merken, wie der Übeltäter aussieht, und schnell die Polizei rufen.

☐ Ich darf den Dieb verfolgen und festhalten.

☐ Ich darf ihm mit dem Regenschirm eins überbraten, wenn er auf meinen Ruf »Stehen bleiben!« nicht reagiert.

☐ Ich darf ihm sofort eins überbraten, und zwar auch so fest, dass er bewusstlos zu Boden sinkt.

Was dürften Sie tun, wenn der Dieb die Geldbörse aus der Tasche einer umstehenden Person gestohlen hätte?

Angenommen, der Taschendieb entkommt mit Ihrer Geldbörse, Sie sehen ihn aber am nächsten Morgen wieder. Welche der vier Möglichkeiten haben Sie jetzt?

Variante 1 ist zum Aufwärmen: Selbstverständlich können Sie zur Polizei gehen, wenn Sie bestohlen worden sind. Helfen wird Ihnen das selten. Selbst wenn es eine funktionierende Kamera am Bahnsteig gab, stehen die Chancen schlecht, dass der Täter identifiziert wird und Sie Ihre Geldbörse zurückbekommen. Sie dürfen daher auch selbst jemanden verfolgen, der gerade eine Straftat begangen hat, in unserem Fall einen Diebstahl. Erwischen Sie ihn, dürfen Sie ihn festhalten, bis die Polizei kommt oder sich seine Identität feststellen lässt. Das ist das »Jedermann-Festnahmerecht«.

Auch Variante 2 ist also erlaubt. Allerdings ist auch sie unsicher: Schnell ist der Dieb doch entwischt, und dann stehen Sie ohne Geldbörse da und haben sich auch noch außer Puste gerannt.

Interessanter scheinen die letzten beiden Varianten. Gut, dass Sie Ihren schweren Schirm dabeihaben! Aber wie weit dürfen Sie gehen?

Braten Sie dem Dieb eins über, ist das Körperverletzung, also ebenso eine Straftat wie Diebstahl. Allerdings können Sie nicht bestraft werden, wenn Sie in Notwehr gehandelt haben.

In Notwehr handeln Sie, wenn Sie sich gegen einen Angriff auf etwas verteidigen, das rechtlich geschützt ist. Das kann Ihr Leben ebenso sein wie Ihr Körper, Ihre Gesundheit, Ihre Freiheit, Ihr Eigentum, Ihre sexuelle Selbstbestimmung – sogar Ihre Ehre: Auch wenn Sie jemand »nur« beleidigt, kann das ein Angriff sein, der Sie zur Notwehr berechtigt.

In unserem Fall greift der Dieb Ihr Eigentum an.

Darf der andere tun, was er tut, können Sie sich nicht dagegen wehren: Durchsucht die Polizei aufgrund einer Durchsuchungsanordnung Ihre Wohnung, können Sie keine Notwehr gegen die Beamten ausüben. Und macht jemand vom Jedermann-Festnahmerecht Gebrauch und hält den Dieb auf, kann sich der Dieb nicht wehren, weil seine Freiheit angegriffen wird – denn das Jedermann-Festnahmerecht erlaubt das.

In unserem Fall hatte der Dieb aber kein Recht, Ihnen die

Geldbörse wegzunehmen. Der Angriff ist daher auch rechtswidrig.

Einen solchen Angriff dürfen Sie abwenden: Sie dürfen tun, was erforderlich ist, um den Angriff zu beenden, und zwar sofort, sicher und endgültig. Nicht mehr – aber auch nicht weniger.

Konkret bedeutet das: Sie brauchen erstens nicht wegzulaufen und zu riskieren, dass eine Angreiferin Sie einholt und dann vielleicht erst recht ihr Messer einsetzt. Sie dürfen sich aktiv wehren, denn es heißt Not*wehr* und nicht Not*flucht*. Der Grundsatz lautet: Das Recht braucht dem Unrecht nicht zu weichen. Mit der Notwehr verteidigen Sie nicht nur sich und Ihre Sachen, sondern auch die Rechtsordnung.

Zweitens brauchen Sie nicht erst zu versuchen, den Angreifer mit Worten aufzuhalten, wenn Sie damit riskieren, dass am Ende doch Ihre Geldbörse weg ist oder das Messer in Ihrer Brust steckt. Sie brauchen sich nicht auf einen ungewissen Kampf einzulassen, sondern dürfen sofort tun, was notwendig ist, um Ihr Geld oder Ihr Leben sicher zu retten.

Drittens dürfen Sie beim Angreifer auch höherwertige Rechtsgüter schädigen, als der bei Ihnen bedroht. Sie dürfen also einen Diebstahl auch mit einer Körperverletzung abwenden – vorausgesetzt, es gibt kein milderes Mittel, das gleich sicher und wirkungsvoll ist.

Weiter einschränken müssen Sie sich nur in besonderen Situationen: Ist der Angreifer erkennbar schuldunfähig, müssen Sie ausnahmsweise zunächst ausweichen. Bewirft Sie ein Kind mit Farbbeuteln, können Sie es also nicht gleich erschießen. Genauso ist es, wenn Sie ein stark Betrunkener oder eine erkennbar Geisteskranke angreift. Das gilt aber nur, wenn Flucht eine realistische Option ist. Steht der Betrunkene mit dem Messer direkt vor Ihnen, brauchen Sie nicht zu riskieren, erstochen zu werden, nur weil der Betrunkene nicht ganz bei sich ist.

Kann eine echte Bagatelle nur mit drakonischen Maßnahmen sicher abgewendet werden, müssen Sie ebenfalls zurückstecken. Angenommen, Sie sitzen im Rollstuhl und beobachten vom Fenster aus, wie jemand in Ihrem Garten eine Kirsche stiehlt. Neben Ihnen steht eine Schrotflinte. Nach den grundsätzlichen Regeln brauchen Sie nicht erst zu rufen »Lass das« – und zu riskieren, dass der Dieb mit *Ihrer* Kirsche entkommt. Da Sie im Rollstuhl sitzen, können Sie auch nicht runterflitzen und den Baum umstellen.

Ihre mildeste Möglichkeit, die Kirsche zu retten, ist, auf den Dieb zu schießen. Das nennen Juristen ein »krasses Missverhältnis« – auch hier müssen Sie sich ausnahmsweise mit weniger sicheren Mitteln behelfen, zum Beispiel einem Anruf bei der Polizei.

Schließlich dürfen Sie mit tödlicher Gewalt, etwa einem Schuss, nicht ganz so freigiebig umgehen: Die müssen Sie ausnahmsweise erst androhen und einen Warnschuss abgeben. Aber auch das gilt nur, wenn die »Kampflage« es zulässt, Sie also nicht riskieren, selbst dabei draufzugehen. Haben Sie eine fremde Waffe am Kopf, brauchen Sie nicht erst freundlich anzukündigen, dass Sie gedenken, mit Ihrer eigenen Waffe »zuvorzukommend« zu sein.

Was heißt das nun für unseren Fall?

Rufen Sie erst »Stehen bleiben!«, riskieren Sie, dass der Dieb mit Ihrem Geld entkommt. Nur wenn Sie sofort mit dem Schirm zuschlagen, können Sie einigermaßen sicher sein, dass Sie Ihre Sachen behalten. Sie *können* also Variante 3 wählen und erst einmal »Stehen bleiben!« rufen. Sie *dürfen* aber auch Variante 4 nehmen und zuschlagen.

Sie dürfen dabei aber nicht *mehr* tun, als erforderlich ist, um den Angreifer sofort, sicher und endgültig auszuschalten. Ist klar, dass Sie den Dieb mit einem Schirmschlag aufhalten können, dürfen Sie ihn nicht vor den Zug stoßen. *Das* wäre dann nicht mehr erforderlich.

Jedermann-Festnahmerecht und Notwehrrecht gelten auch, wenn der Angriff sich nicht gegen Sie und Ihre Sachen richtet, sondern gegen eine andere Person. Die Notwehr nennt man dann »Nothilfe«. Auch in Abwandlung 1, wenn der Dieb jemand anderem die Geldbörse aus der Tasche gezogen hätte, stünden Ihnen also alle vier Varianten offen.

Was dürfen Sie tun, wenn Sie den Dieb erst am nächsten Tag wiedersehen?

Hier kommen wir zu den zeitlichen Grenzen des Notwehrrechts: Es gilt, solange der Angriff aktuell ist, also weder endgültig gescheitert noch »erfolgreich« (aus Sicht des Täters) beendet.

Wäre dem Dieb Ihre Geldbörse aus der Hand gefallen und er ohne Beute auf der Flucht, wäre der Angriff auf Ihr Eigentum gescheitert und vorbei. Ein Notwehrrecht hätten Sie dann nicht mehr – wohl aber noch das Jedermann-Festnahmerecht, denn der andere wäre bei einem versuchten Diebstahl auf frischer Tat ertappt. Sie dürften ihn also verfolgen, festhalten und der Polizei übergeben. Bloß Ihren Regenschirm dürften Sie dabei nicht einsetzen, es sei denn, es regnet.

Auch wenn der Angriff bereits erfolgreich beendet ist, können Sie ihn nicht mehr abwenden. Die Notwehr ist weder Rache noch Strafe, denn bestrafen darf allein der Staat.

So hatten wir gesagt, dass auch eine Beleidigung zur Notwehr berechtigen kann – aber eben nur, solange der Angriff auf Ihre Ehre noch aktuell ist, also weitere Beleidigungen drohen. Zischt Ihnen jemand nur ein einziges Mal »du ausgemergelte Ziege« zu, dürfen Sie ihn nicht verprügeln. Anders ist es, wenn Sie sich einer Schimpftirade ausgesetzt sehen, die Sie nur mit einem beherzten Schlag beenden können. Auch wenn Ihnen jemand eine runterhaut, können Sie sich dagegen nur wehren, wenn Sie noch mehr zu befürchten haben. Sonst können Sie die Person wegen Körperverletzung anzeigen, müssen die Strafe aber dem Staat überlassen.

Ein Diebstahl ist nun erfolgreich beendet, sobald der Dieb die Beute in Sicherheit gebracht hat. Begegnen Sie ihm erst am nächsten Tag wieder, liegt also keine Notwehrlage mehr vor. Auch das Jedermann-Festnahmerecht gilt nicht mehr, denn der Dieb ist nicht mehr auf frischer Tat ertappt. In diesem Fall bleibt Ihnen tatsächlich nur Variante 1: schnell die Polizei rufen.

Im Verfahren gegen den Dieb werden Sie dann Zeuge sein. Was das bedeutet, klären wir im nächsten Kapitel.

Darauf berufen Sie sich:

§ 127 Strafprozessordnung (StPO): Jedermann-Festnahmerecht
(1) Wird jemand auf frischer Tat betroffen oder verfolgt, so ist, wenn er der Flucht verdächtig ist oder seine Identität nicht sofort festgestellt werden kann, jedermann befugt, ihn auch ohne richterliche Anordnung vorläufig festzunehmen. […]

§ 32 Strafgesetzbuch (StGB): Notwehr
(1) Wer eine Tat begeht, die durch Notwehr geboten ist, handelt nicht rechtswidrig.
(2) Notwehr ist die Verteidigung, die erforderlich ist, um einen gegenwärtigen rechtswidrigen Angriff von sich oder einem anderen abzuwenden.

Zeugen Sie richtig

Zeugen und Beschuldigte im Strafverfahren

Ihre neue WG-Mitbewohnerin ist ziemlich attraktiv. Sie sind heimlich verliebt in sie und wollen mit ihr eine Familie gründen. Noch weiß sie von nichts. Da bekommen Sie eine Vorladung vom Gericht: Sie sollen als Zeuge in einem Strafprozess gegen Ihre Mitbewohnerin aussagen. Ihr wird vorgeworfen, Teil einer Falschgeldbande zu sein.
Zufällig haben Sie tatsächlich einmal mitbekommen, wie sie einen Koffer voll Blüten in ihrem Zimmer versteckt hat.
Was tun Sie?

Wie wäre die Rechtslage, wenn ...
1. Sie beide bereits ein festes Paar wären?
2. Sie die Mitbewohnerin in einer Blitzhochzeit heiraten würden?

Zusatzfrage: Was müssen Sie tun, wenn gegen Sie selbst ermittelt wird und die Staatsanwaltschaft Ihnen eine Vorladung schickt?

Sie werden sich wohl entscheiden müssen: Zeuge oder Zeugung. Und diese Entscheidung können Sie nicht ganz so frei treffen, wenn Sie sich nicht selbst in rechtliche Probleme bringen wollen.

Insgesamt stellen sich drei Fragen: Müssen Sie hingehen? Müssen Sie reden? Müssen Sie die Wahrheit sagen?

Erste Frage: das Erscheinen. Darum kommen Sie nicht herum. Lädt ein Gericht Sie als Zeugen vor, müssen Sie kommen. (Es sei denn, Sie sind Bundespräsident: Dann muss das Gericht zu Ihnen nach Hause kommen und Sie dort vernehmen – so steht es im Gesetz.) Das Gleiche gilt, wenn Ihnen die Staatsanwaltschaft schreibt. Meldet sich hingegen »nur« die Polizei, können Sie frei entscheiden, ob Sie die Einladung annehmen möchten.

Zweite Frage: die Aussage. Ein Zeuge muss grundsätzlich auch aussagen – es sei denn, er hat ein Zeugnisverweigerungsrecht oder ein Auskunftsverweigerungsrecht.

Mit einem Zeugnisverweigerungsrecht können Sie die komplette Aussage verweigern. Das haben Sie, wenn Sie mit dem Beschuldigten oder Angeklagten verheiratet, in einer Lebenspartnerschaft, verwandt oder verschwägert sind – oder eines davon einmal waren. Selbst eine geschiedene Ehe zählt also. Auch eine Verlobung reicht; *die* muss allerdings noch aktuell sein.

»Lebenspartnerschaft« bedeutet dabei eine eingetragene gleichgeschlechtliche Lebenspartnerschaft, nicht das informelle Lebensabschnittsgefährtentum. Denn ob zwei Menschen informell ein Paar sind, lässt sich nur schwer nachprüfen – oft sind sich da die Beteiligten ja selbst nicht ganz einig.

Ein Zeugnisverweigerungsrecht haben Sie außerdem, wenn es um bestimmte Berufsgeheimnisse geht, Sie also zum Beispiel Geistlicher, Ärztin, Rechtsanwalt oder Journalistin sind.

Ein Auskunftsverweigerungsrecht steht Ihnen nur bei bestimmten Fragen zu, nämlich wenn Sie mit der Antwort sich selbst oder einen Ihrer Angehörigen wegen einer Straftat oder Ordnungswidrigkeit belasten müssten. Hier gilt der Grundsatz: Niemand muss an seiner eigenen Verfolgung aktiv mitwirken.

Dritte Frage: die Wahrheit. Sagen Sie als Zeuge aus, müssen Sie die volle Wahrheit sagen. Da gibt es kein Pardon. Sonst machen Sie sich strafbar. Ist zum Beispiel Ihr Lebenspartner

angeklagt, können Sie entscheiden, ob Sie die Aussage verweigern oder ob Sie aussagen. *Wenn* Sie aber aussagen, dürfen Sie nicht lügen.

Umgekehrt darf das Gericht Ihnen nicht unterstellen, dass Sie lügen, bloß weil Sie der Lebenspartner des Angeklagten sind. Es muss Sie als genauso glaubwürdig ansehen wie jeden anderen Zeugen auch.

Welche Möglichkeiten haben Sie also in unserem Beispiel?

Sie können Bundespräsident werden und damit wenigstens verhindern, dass Sie vor Gericht erscheinen müssen. Sie werden dann in Ihrer Wohnung vernommen, immerhin ein kleines Komfortplus. Damit würden Sie sicher auch Eindruck bei der Mitbewohnerin schinden.

Ansonsten gilt im Ausgangsfall: Sind Sie nur scharf auf Ihre Mitbewohnerin, aber noch nicht mehr, müssen Sie vor Gericht erscheinen und die Wahrheit sagen.

Genauso wäre es, wenn Sie wie in Abwandlung 1 mit ihr in loser Partnerschaft leben würden.

Nur in Abwandlung 2 könnten Sie die Aussage verweigern: Wenn Sie die schnelle Heirat oder zumindest eine Verlobung schaffen. Eine plötzliche Ehe zwischen Zeugen und Angeklagten kommt gar nicht so selten vor – sie ist nicht nur theoretisch eine elegante Möglichkeit, dem Dilemma »Wahrheit oder Pflicht« zu entgehen.

Wohl eher theoretisch ist dagegen die Option, dass Sie sich selbst in die Falschgeldsache verwickeln lassen und sich so wenigstens ein Auskunftsverweigerungsrecht zulegen.

Damit sind wir schon bei der Zusatzfrage: Was, wenn sich ein Verfahren gegen Sie selbst richtet?

Im Ermittlungsverfahren sind Sie dann »Beschuldigter«, nach der Anklage »Angeschuldigter« und sobald das Gericht die Anklage zugelassen hat, »Angeklagter«.

Hier gilt wie beim Zeugen: Erscheinen müssen Sie nicht bei der Polizei, aber bei Staatsanwaltschaft und Gericht. Da kommt es nicht so gut an, wenn Sie zufällig an dem Tag keine Zeit haben. Auch in der Zusatzfrage müssen Sie den Termin also einrichten.

Der Rest unterscheidet sich allerdings von den Pflichten eines Zeugen: Als Beschuldigter, Angeschuldigter oder Angeklagter haben Sie bekanntlich das Recht zu schweigen. Auch wenn Sie reden, brauchen Sie nicht die Wahrheit zu sagen. Anders als ein Zeuge dürfen Sie lügen, bis sich die Balken biegen, um sich selbst zu verteidigen.

Dafür muss das Gericht Ihnen aber auch nicht unbedingt glauben. Was das bedeuten kann, sehen wir im nächsten Kapitel.

Darauf berufen Sie sich:

§ 52 Strafprozessordnung (StPO): Zeugnisverweigerungsrecht
(1) Zur Verweigerung des Zeugnisses sind berechtigt
1. der Verlobte des Beschuldigten oder die Person, mit der der Beschuldigte ein Versprechen eingegangen ist, eine Lebenspartnerschaft zu begründen;
2. der Ehegatte des Beschuldigten, auch wenn die Ehe nicht mehr besteht;
2a. der Lebenspartner des Beschuldigten, auch wenn die Lebenspartnerschaft nicht mehr besteht;
3. wer mit dem Beschuldigten in gerader Linie verwandt oder verschwägert, in der Seitenlinie bis zum dritten Grad verwandt oder bis zum zweiten Grad verschwägert ist oder war. […]

§ 53 StPO: Zeugnisverweigerungsrecht aus beruflichen Gründen
(1) Zur Verweigerung des Zeugnisses sind ferner berechtigt

1. Geistliche über das, was ihnen in ihrer Eigenschaft als Seelsorger anvertraut worden oder bekanntgeworden ist;
2. Verteidiger des Beschuldigten über das, was ihnen in dieser Eigenschaft anvertraut worden oder bekanntgeworden ist;
3. Rechtsanwälte, Patentanwälte, Notare, Wirtschaftsprüfer, vereidigte Buchprüfer, Steuerberater und Steuerbevollmächtigte, Ärzte, Zahnärzte, Psychologische Psychotherapeuten, Kinder- und Jugendlichenpsychotherapeuten, Apotheker und Hebammen über das, was ihnen in dieser Eigenschaft anvertraut worden oder bekanntgeworden [...]
4. Personen, die bei der Vorbereitung, Herstellung oder Verbreitung von Druckwerken, Rundfunksendungen, Filmberichten oder der Unterrichtung oder Meinungsbildung dienenden Informations- und Kommunikationsdiensten berufsmäßig mitwirken oder mitgewirkt haben. [...]
(2) Die in Absatz 1 Satz 1 Nr. 2 bis 3b Genannten dürfen das Zeugnis nicht verweigern, wenn sie von der Verpflichtung zur Verschwiegenheit entbunden sind. [...]

§ 55 StPO: Auskunftsverweigerungsrecht
(1) Jeder Zeuge kann die Auskunft auf solche Fragen verweigern, deren Beantwortung ihm selbst oder einem der in § 52 Abs. 1 bezeichneten Angehörigen die Gefahr zuziehen würde, wegen einer Straftat oder einer Ordnungswidrigkeit verfolgt zu werden. [...]

Trotzen Sie widrigen Umständen

Die Ordnungswidrigkeiten

Unbeschwert pfeifend laufen Sie eines Abends aus der Kneipe nach Hause, als Sie eine Dame von der Polizei anspricht: »Guten Abend, wie stand denn die Fußgängerampel, als Sie gerade die Straße überquerten?«

Bevor Sie etwas sagen können, antwortet sich die Polizistin selbst: »Sie stand für Sie auf Rot. Ich kann Ihnen nun eine Verwarnung aussprechen, fünf Euro von Ihnen kassieren, und die Sache ist erledigt. Sind Sie damit einverstanden?«

Was antworten Sie?

1. »Warum bitte sollte man um diese Uhrzeit als Fußgänger an einer roten Ampel stehen bleiben? Da sind eh keine Autos mehr unterwegs. Rote Ampeln sind nur eine unnötige Bevormundung durch den Staat. Und das soll ein freies Land sein? Hat die Polizei nichts Besseres zu tun, als sich nachts auf die Lauer zu legen und redliche Fußgänger zu Kriminellen machen?«

2. »Herrjemine, Sie haben völlig Recht. Das tut mir sehr leid, denn es ist natürlich sehr gefährlich. Ich weiß auch nicht, was mit mir los war. Wird nie wieder vorkommen.«

3. »Ja, ich bin einverstanden.«

4. »Die Ampel war nicht rot. Eine Verwarnung akzeptiere ich nicht.«

Sollten Sie tatsächlich bei Rot über die Straße gegangen sein, hätten Sie in der Sprache des Gesetzes »beim Zu-Fuß-Gehen ein rotes Wechsellichtzeichen nicht befolgt«. Das wäre ein Verstoß gegen die Straßenverkehrsordnung und eine Ordnungswidrigkeit.

Ordnungswidrigkeiten sind keine Straftaten; man kann dafür keine Gefängnis- oder Geldstrafe bekommen. Ins Gefängnis werden Sie also nicht müssen – außer Sie stellen sich wirklich sehr ungeschickt an, dazu kommen wir später noch.

Ordnungswidrigkeiten sind Gesetzesverstöße, die der Staat als nicht so gravierend betrachtet, dass er aus den Tätern gleich Straftäter, also echte Kriminelle, macht. Trotzdem will er dezent darauf hinweisen, dass etwas nicht optimal gelaufen ist – das kann er mit einer Geldbuße. Die kann dem Betroffenen wie eine Geld*strafe* vorkommen, ist aber meist niedriger, und man ist eben kein Straftäter.

Das Entscheidende aber ist: Besteht der Verdacht, dass jemand eine Straftat begangen hat, *muss* die Staatsanwaltschaft in aller Regel ermitteln. Steht eine Ordnungswidrigkeit im Raum, kann die Behörde entscheiden, was sie für angebracht hält:

Ist der Verstoß unbedeutend, kann sie die Sache einfach auf sich beruhen lassen. Oder eine kostenlose Verwarnung aussprechen.

Bei nicht ganz unbedeutenden, aber noch kleinen Verstößen kann sie ein Verwarnungsgeld zwischen fünf und 55 Euro verhängen. Für Fußgänger soll es in der Regel fünf Euro betragen, für Radfahrer 15. Es kann je nach Verstoß höher sein, bloß nie über 55 Euro. Verlangt also ein Polizist von Ihnen in einer dunklen Seitengasse 100 Euro, damit die Sache erledigt ist, sollte Ihnen das komisch vorkommen.

Bei Verstößen im Straßenverkehr ist die Verwarnung die Regel, wenn der Bußgeldkatalog dafür nicht mehr als 55 Euro vorsieht. Noch im »verwarnbaren« Rahmen liegen die wohl berühmteste Ordnungswidrigkeit, das Falschparken (ab 15 Euro), und einige Verstöße beim Radfahren, wie Handy benutzen (25 Euro) oder Radweg oder Einbahnstraße in die falsche Richtung befahren (20 Euro).

Missachten Sie mit dem Fahrrad eine rote Ampel, ist eine Verwarnung aber schon nicht mehr möglich, denn dafür liegt der Satz bei mindestens 60 Euro – mit dem Auto sogar bei mindestens 90 Euro. Fahren Sie mit dem Auto bei Glätte ohne Winterreifen oder haben am Steuer ein Handy am Ohr, liegen Sie mit 60 Euro ebenfalls über der »Verwarngrenze«. Dann droht Ihnen ein Bußgeldbescheid. Das Bußgeld kann bei Verkehrsverstößen bis 2000 Euro betragen.

In unserem Fall hat die Polizistin also auch die Möglichkeit, Sie kostenlos davonkommen zu lassen, zumindest mit einer Verwarnung ohne Verwarnungsgeld. Vielleicht merkt sie ja, dass schon das Anhalten Sie zu einem besseren Menschen gemacht hat. Mit Antwort 1 jedenfalls wird sich diese Tür schließen. Außerdem wissen Sie nun, dass der Staat Sie gerade nicht zum Kriminellen macht – vom restlichen Wahrheitsgehalt der Aussage ganz abgesehen.

Sofern Sie tatsächlich bei Rot über die Ampel gegangen sind, sollten Sie es daher mit der einsichtigen Antwort 2 versuchen.

Kommen Sie damit nicht weiter, stellt sich die Frage, ob Sie die kostenpflichtige Verwarnung akzeptieren sollten. Das Geld können Sie sofort zahlen oder innerhalb einer Woche überweisen. Dann ist die Sache erledigt. Vorher muss die Polizistin Sie darüber belehren, dass Sie sich weigern können, die Verwarnung zu akzeptieren.

Tun Sie das, droht Ihnen auch hier ein Bußgeldbescheid. Das Bußgeld selbst ist dabei nicht einmal höher als das Verwarnungsgeld. Der Bußgeldbescheid bringt aber zusätzlich Verwaltungskosten mit sich – dafür, dass die Behörde ein Verfahren in Gang setzt und den Bescheid schreibt. Sie betragen etwa 5 Prozent des Bußgelds, mindestens aber 25 Euro!

Bestehen Sie auf einem Bußgeldbescheid, wird Sie das also 30 Euro statt fünf Euro kosten.

Insofern hat der Deal, den Ihnen die Polizistin anbietet, durchaus Charme. Lässt sie nicht von Ihnen ab, sollten Sie die Sache also kurz und günstig über Antwort 3 beenden.

Und wenn die Ampel gar nicht rot war? Auch Polizistinnen können ja mal irren.

Dann sollten Sie sich mit Antwort 4 verteidigen. Vor jedem Bußgeldbescheid können Sie sich zu den Vorwürfen äußern. Überzeugt das die Behörde nicht und kommt der Bußgeldbescheid trotzdem, bleiben Ihnen noch diese Möglichkeiten:

Sie können zahlen und die Sache jetzt – deutlich teurer – beenden. Vielleicht ist Ihnen in der Zwischenzeit ja eingefallen, dass die Ampel doch nicht so grün war, wie Sie in der Erregung dachten …

Sind Sie von Ihrer Unschuld überzeugt, sollten Sie aktiv werden. Denn tun Sie nichts, wird der Bußgeldbescheid nach zwei Wochen »rechtskräftig«. Dann müssen Sie zahlen, selbst wenn die Ampel grün war, sonst wird das Bußgeld vollstreckt. Auf diese Weise können Sie sogar doch noch im Gefängnis landen: Hilft nichts anderes mehr, kann man Sie in »Erzwingungshaft« stecken, bis Sie zahlen.

Sie sollten also innerhalb der zwei Wochen Einspruch einlegen. Dann prüft die Behörde ihre Entscheidung nach. Dabei kann sie allerdings auch Fehler zu *Ihren* Gunsten korrigieren: Merkt sie etwa, dass sie zu wenig Bußgeld verlangt hat, kann sie das nachträglich erhöhen. Merkt sie aber, dass die Vorwürfe doch nicht so haltbar sind, nimmt sie den Bußgeldbescheid zurück. Auch dann ist die Sache für Sie vom Tisch.

Sieht sich die Behörde im Recht, geht das Verfahren an die Staatsanwaltschaft und vor Gericht. Dort kann es eine Beweisaufnahme wie im Strafverfahren geben. Die Staatsanwaltschaft muss Ihnen dann nachweisen, dass die Ampel tatsächlich rot war.

Aber Vorsicht: Das bedeutet nicht, dass Sie nur zahlen müssen, wenn Sie ein Geständnis ablegen. Gerade Verstöße im Straßenverkehr bestreiten die meisten Menschen vehement – und werden trotzdem verurteilt. Denn die Polizistin ist eine Zeugin und damit ein Beweismittel. Die Polizistin *muss* die Wahrheit sagen, während Sie lügen dürfen – das hatten wir ja im letzten Kapitel gesehen. Für das Gericht ist kein Grund ersichtlich, warum die Polizistin Ihnen etwas anhängen sollte. Glaubt das Gericht der Polizistin, verstößt das also nicht gegen die Unschuldsvermutung.

Sie können aber Gründe darlegen, warum die Polizistin sich vertan haben könnte: Vielleicht stand sie weit weg und konnte die Ampel nicht richtig sehen, vielleicht war an dem Tag besonders viel los, oder es hat geregnet. Am besten ist es natürlich, wenn es andere Zeugen gibt, die Ihre Version bestätigen – am ungünstigsten, wenn die Polizei zu zweit war und beide übereinstimmend gegen Sie aussagen.

Ist das Gericht am Ende nicht davon überzeugt, dass die Ampel rot war, spricht es Sie frei. Dann hat Sie der Spaß außer Zeit und Ärger nichts gekostet. Glaubt das Gericht aber, dass die Polizistin sich korrekt erinnert und Sie sich bloß rausreden wollen, verurteilt es Sie. Dann kommen zu dem Bußgeld noch Gerichtskosten hinzu.

Vor diesem Hintergrund sollten Sie abwägen: Um wie viel geht es? Wie ist die Beweislage? Wie viel Zeit und Ärger ist mir die Sache wert?

Und ja: Diese Überlegungen können Sie auch anstellen, wenn die Ampel wirklich rot war, Sie aber glauben, dass man Ihnen das nicht nachweisen kann. Auch dann ist es Ihr gutes

Recht, die Unschuldsvermutung zu nutzen, sich dumm zu stellen und auf einen Freispruch hinzuarbeiten.

Darauf berufen Sie sich:

§ 47 Gesetz über Ordnungswidrigkeiten (OWiG): Verfolgung von Ordnungswidrigkeiten
(1) Die Verfolgung von Ordnungswidrigkeiten liegt im pflichtgemäßen Ermessen der Verfolgungsbehörde. Solange das Verfahren bei ihr anhängig ist, kann sie es einstellen. [...]

§ 65 OWiG: Allgemeines
Die Ordnungswidrigkeit wird, soweit dieses Gesetz nichts anderes bestimmt, durch Bußgeldbescheid geahndet.

§ 56 OWiG: Verwarnung durch die Verwaltungsbehörde
(1) Bei geringfügigen Ordnungswidrigkeiten kann die Verwaltungsbehörde den Betroffenen verwarnen und ein Verwarnungsgeld von fünf bis 55 Euro erheben. Sie kann eine Verwarnung ohne Verwarnungsgeld erteilen.
(2) Die Verwarnung nach Absatz 1 Satz 1 ist nur wirksam, wenn der Betroffene nach Belehrung über sein Weigerungsrecht mit ihr einverstanden ist und das Verwarnungsgeld entsprechend der Bestimmung der Verwaltungsbehörde entweder sofort zahlt oder innerhalb einer Frist, die eine Woche betragen soll, bei der hierfür bezeichneten Stelle oder bei der Post zur Überweisung an diese Stelle einzahlt. Eine solche Frist soll bewilligt werden, wenn der Betroffene das Verwarnungsgeld nicht sofort zahlen kann oder wenn es höher ist als zehn Euro.
(3) Über die Verwarnung nach Absatz 1 Satz 1, die Höhe des Verwarnungsgeldes und die Zahlung oder die etwa bestimmte Zahlungsfrist wird eine Bescheinigung erteilt. Kosten (Gebühren und Auslagen) werden nicht erhoben.
(4) Ist die Verwarnung nach Absatz 1 Satz 1 wirksam, so kann die Tat nicht mehr unter den tatsächlichen und rechtlichen Gesichtspunkten verfolgt werden, unter denen die Verwarnung erteilt worden ist.

§ 2 Bußgeldkatalog-Verordnung (BKatV): Verwarnung

[…] (4) Bei Fußgängern soll das Verwarnungsgeld in der Regel fünf Euro, bei Radfahrern in der Regel 15 Euro betragen, sofern der Bußgeldkatalog nichts anderes bestimmt.[…]

§ 67 OWiG: Form und Frist des Einspruchs

(1) Der Betroffene kann gegen den Bußgeldbescheid innerhalb von zwei Wochen nach Zustellung schriftlich oder zur Niederschrift bei der Verwaltungsbehörde, die den Bußgeldbescheid erlassen hat, Einspruch einlegen. […]

# Finden Sie Ihre
Work-Life-Balance

Das Arbeitszeitgesetz

Freitagabend, 18.45 Uhr: Auf Zehenspitzen schleichen Sie zum Hinterausgang im Büro. Sie haben etwas total Verrücktes getan und sich für sieben Uhr im Kino verabredet! Deshalb wollen Sie zum ersten Mal in diesem Monat vor 20 Uhr die Arbeit verlassen – immerhin sind Sie, wie jeden Tag, seit 8.30 Uhr dort.

Als Sie nach der Türklinke greifen, hören Sie hinter sich eine vertraute Stimme.

»Ich habe Ihnen was auf den Tisch gelegt – machen Sie sich da gleich dran, wenn Sie von der Toilette zurück sind? Müsste heute noch fertig werden ...«

Was tun Sie?

☐ Ich denke: »Den Film kann ich mir auch noch auf DVD anschauen, wenn ich in Rente bin.«

☐ Ich biete meinem Chef an, die Arbeit nach dem Kino zu Hause zu erledigen, denn ich will meinen Job nicht gefährden.

☐ Ich biete meinem Chef an, ihn vor einer Gefängnisstrafe zu bewahren, indem ich ihm das Arbeitszeitgesetz erläutere. Aber nicht mehr heute Abend.

Springen wir direkt zur Variante, die am interessantesten klingt: die mit dem Gefängnis.

Warum sollte Ihr Chef dort nicht auch mal eine Weile verbringen, wenn er *Sie* im Büro gefangen hält?

So drastisch das klingt, so klar steht es im Gesetz. Ganz so leicht kriegen Sie Ihren Chef zwar nicht eingesperrt – doch schauen wir uns die Regeln an.

Die 40-Stunden-Woche steht nicht nur in manchen Arbeitsverträgen, auch das Gesetz bestimmt: Ein Arbeitnehmer darf nicht mehr als acht Stunden pro Werktag arbeiten. Wohlgemerkt: Dort steht nicht »muss nicht«, sondern »darf nicht«. Stehen in Ihrem Vertrag also nur 38 Stunden, schulden Sie Ihrem Arbeitgeber auch nur 38 Stunden. Das Gesetz legt bloß Höchstgrenzen fest. Das ist der Grundsatz.

Natürlich gibt es Ausnahmen: Der Chef darf verlangen, dass Sie an manchen Tagen bis zu zehn Stunden arbeiten – aber nur, wenn Sie über ein halbes Jahr hinweg im Durchschnitt nicht auf mehr als die acht Stunden pro Tag kommen. Wer rechnet, merkt schnell: Dafür *müssen* Sie an anderen Tagen früher nach Hause gehen. Oder ganz freimachen.

Weitere Ausnahmen gelten, wenn ein Schaden droht, zum Beispiel Lebensmittel oder andere verderbliche Stoffe gefährdet sind oder das ganze Arbeitsergebnis auf dem Spiel steht. Also kurz gesagt: Wenn die Bude brennt oder schimmelt.

Nun brennt in vielen Unternehmen permanent die Hütte. Deshalb dürfen Sie nur dann länger arbeiten, wenn zusätzlich weitere Voraussetzungen erfüllt sind: Der Arbeitgeber darf dafür nichts können, und es darf keine andere Möglichkeit geben, die Schäden zu verhindern. Gehört es nur zum guten Ton, dass bei Ihnen nie jemand vor acht nach Hause geht, reicht das nicht. Ebensowenig, wenn Ihr Arbeitgeber nur Personalkosten sparen will und generell zu wenige Leute beschäftigt. Oder wenn er nicht geizig ist, aber ein schlechter Organisator. Überrascht Sie hingegen ein Wasserrohrbruch im Büro, müssen Sie womöglich mal länger bleiben und reinbuttern.

Und selbst wenn alle diese Voraussetzungen erfüllt sind,

darf über ein halbes Jahr gesehen im Durchschnitt trotzdem niemand mehr als 48 Stunden pro Woche arbeiten.

Gilt für Sie ein Tarifvertrag, kann der Sonderregelungen enthalten – hier sollten Sie sich individuell informieren.

Mehr als acht Stunden Arbeit pro Tag sind also nicht grundsätzlich ausgeschlossen. Aber das darf immer nur die Ausnahme sein und nie die Regel. Die Ausnahme muss Ihr Arbeitgeber begründen – nicht *Sie* müssen sich dafür rechtfertigen, dass Sie heute keine zehn Stunden bei der Arbeit verbringen wollen.

Es gibt einige wenige Unternehmen, die das sehr ernstnehmen. Dort tauchen Warnhinweise auf dem Bildschirm auf, wenn die zulässige Arbeitszeit erreicht ist. Das ist sehr löblich – und sehr selten.

Und die anderen? Die verstoßen meist gegen die Regeln.

Jeder Verstoß ist eine Ordnungswidrigkeit, auch schon beim ersten und einzigen Mal. Dafür droht dem Arbeitgeber ein Bußgeld von bis zu 15 000 Euro. Und das liegt weit über der Grenze von 55 Euro, bei der eine Verwarnung möglich wäre …

Ist Ihr Chef uneinsichtig, kann die Ordnungswidrigkeit zur Straftat werden. Dann droht bis zu einem Jahr Gefängnis.

Das ist zum einen der Fall, wenn er vorsätzlich handelt und durch den Verstoß Gesundheit oder Arbeitskraft eines Arbeitnehmers gefährdet. In vielen Betrieben ist diese Voraussetzung regelmäßig erfüllt, denn die Überarbeitung macht die Beschäftigten krank, körperlich wie psychisch.

Zum anderen droht Gefängnis, wenn der Arbeitgeber mehrfach beharrlich gegen die Regeln verstößt – wenn Sie also ständig wieder Ihre Kinoverabredung absagen müssen, obwohl Sie schon mehrfach darauf hingewiesen haben, dass Sie zu lange arbeiten. Auch das ist in vielen Unternehmen an der Tagesordnung.

Ihre Chefin selbst kommt übrigens nicht in den Genuss des Gesetzes. Die Regeln zur Arbeitszeit gelten nicht für leitende Angestellte. Bei ihnen geht das Gesetz davon aus, dass sie so gut bezahlt werden, dass ein paar Stunden mehr schon mal drin sein müssen. Auch regelmäßig. Dass Ihre Chefin selbst noch in die Arbeit versunken ist, wenn Sie »Schönen Feierabend!« rufen, braucht Ihnen also weder rechtlich noch moralisch Bauchschmerzen zu bereiten.

Und eigentlich sollten Sie sich noch nicht einmal ein Buch wie dieses kaufen müssen, um sich über Ihre Rechte zu informierten. Jeder Arbeitgeber muss das Arbeitszeitgesetz auslegen oder aushängen. Tut er das nicht, kann ihn auch dieser Verstoß bis zu 2500 Euro kosten.

Ein eleganter Einstieg in die Thematik könnte also die beiläufige Frage sein: »Wo hängt bei uns eigentlich das Arbeitszeitgesetz?«

Darauf berufen Sie sich:

§ 3 Arbeitszeitgesetz (ArbZG): Arbeitszeit der Arbeitnehmer
Die werktägliche Arbeitszeit der Arbeitnehmer darf acht Stunden nicht überschreiten. Sie kann auf bis zu zehn Stunden nur verlängert werden, wenn innerhalb von sechs Kalendermonaten oder innerhalb von 24 Wochen im Durchschnitt acht Stunden werktäglich nicht überschritten werden.

§ 14 ArbZG: Außergewöhnliche Fälle
(1) Von den §§ 3 [...] darf abgewichen werden bei vorübergehenden Arbeiten in Notfällen und in außergewöhnlichen Fällen, die unabhängig vom Willen der Betroffenen eintreten und deren Folgen nicht auf andere Weise zu beseitigen sind, besonders wenn Rohstoffe oder Lebensmittel zu verderben oder Arbeitsergebnisse zu misslingen drohen. [...]
(3) Wird von den Befugnissen nach Absatz 1 oder 2 Gebrauch gemacht, darf

die Arbeitszeit 48 Stunden wöchentlich im Durchschnitt von sechs Kalendermonaten oder 24 Wochen nicht überschreiten.

§ 16 ArbZG: Aushang und Arbeitszeitnachweise
(1) Der Arbeitgeber ist verpflichtet, einen Abdruck dieses Gesetzes, der aufgrund dieses Gesetzes erlassenen, für den Betrieb geltenden Rechtsverordnungen und der für den Betrieb geltenden Tarifverträge und Betriebs- oder Dienstvereinbarungen [...] an geeigneter Stelle im Betrieb zur Einsichtnahme auszulegen oder auszuhängen. [...]

§ 22 ArbZG: Bußgeldvorschriften
(1) Ordnungswidrig handelt, wer als Arbeitgeber vorsätzlich oder fahrlässig
1. entgegen § 3 [...] einen Arbeitnehmer über die Grenzen der Arbeitszeit hinaus beschäftigt, [...]
8. entgegen § 16 Abs. 1 die dort bezeichnete Auslage oder den dort bezeichneten Aushang nicht vornimmt.
(2) Die Ordnungswidrigkeit kann in den Fällen des Absatzes 1 Nr. 1 bis 7, 9 und 10 mit einer Geldbuße bis zu fünfzehntausend Euro, in den Fällen des Absatzes 1 Nr. 8 mit einer Geldbuße bis zu zweitausendfünfhundert Euro geahndet werden.

§ 23 ArbZG: Strafvorschriften
(1) Wer eine der in § 22 Abs. 1 Nr. 1 bis 3, 5 bis 7 bezeichneten Handlungen
1. vorsätzlich begeht und dadurch Gesundheit oder Arbeitskraft eines Arbeitnehmers gefährdet oder
2. beharrlich wiederholt,
wird mit Freiheitsstrafe bis zu einem Jahr oder mit Geldstrafe bestraft.
(2) Wer in den Fällen des Absatzes 1 Nr. 1 die Gefahr fahrlässig verursacht, wird mit Freiheitsstrafe bis zu sechs Monaten oder mit Geldstrafe bis zu 180 Tagessätzen bestraft.

Behalten Sie Ihren Job

Der Kündigungsschutz beim Arbeitsvertrag

Seit fast zehn Jahren arbeiten Sie im selben Betrieb, als Ihnen plötzlich die Kündigung ins Haus flattert. Weil nicht mehr so viele Aufträge reinkommen, soll Ihre fünfzehnköpfige Abteilung um die Hälfte verkleinert werden.

Sie haben zwei Kinder in der Grundschule und verdienen gut. Der junge billige Kollege ohne Kinder, der erst vor einem Jahr angefangen hat, soll offenbar bleiben dürfen.

Was können Sie tun?

Was wäre, wenn Ihnen gekündigt würde, weil Sie ...

1. chronisch krank sind und auf unabsehbare Zeit immer wieder länger ausfallen werden?
2. oft zu spät zur Arbeit kommen?

Zusatzfrage: Ändert sich etwas, wenn Sie zwei Tage nach der Kündigung zufällig beim Arzt erfahren, dass Sie schwanger sind?

Das deutsche Kündigungsschutzgesetz erlaubt nur bestimmte Kündigungen – wenn es anwendbar ist. Es gilt in Betrieben, in denen regelmäßig mehr als zehn Arbeitnehmer beschäftigt sind, wobei Teilzeitkräfte anteilig zählen. Kleinbetriebe sollen etwas flexibler sein, weil ihre Existenz manchmal tatsächlich davon abhängt, ob sie eine Person mehr oder weniger durchfüttern müssen. Denn geht ein Unternehmen pleite, ist niemandem geholfen: Dann sitzen alle auf der Straße und können sich das Kündigungsschutzgesetz nur noch gegenseitig vorlesen.

In unserem Fall ist diese Voraussetzung erfüllt, denn allein in Ihrer Abteilung arbeiten 15 Menschen.

Außerdem gilt das Kündigungsschutzgesetz nur für Sie, wenn Sie länger als sechs Monate in dem Betrieb arbeiten. Nach fast zehn Jahren dürfen Sie in unserem Beispielfall also erwarten, nicht einfach so vor die Tür gesetzt zu werden.

Gilt das Kündigungsschutzgesetz, kann der Arbeitgeber ordentliche Kündigungen nur auf drei Gründe stützen: »personenbedingte«, »verhaltensbedingte« und »betriebsbedingte«.

Im Ausgangsfall macht Ihr Arbeitgeber betriebsbedingte Gründe geltend. Die liegen vor, wenn der Arbeitsplatz wegfällt. Denn jeder Unternehmer muss die Möglichkeit haben, seinen Betrieb zu verkleinern – sonst sitzen am Ende wieder alle auf der Straße und lesen sich ... Sie wissen schon.

Halbiert Ihr Arbeitgeber wegen der schlechten Auftragslage Ihre Abteilung, ist das also ein zulässiger betriebsbedingter Kündigungsgrund.

Doch wer muss gehen? Kann Ihr Arbeitgeber einfach die treuen, aber teuren Leute verabschieden und mit den billigen Nachwuchskräften weitermachen?

Nein, denn er muss eine »Sozialauswahl« treffen. Das bedeutet: Er muss zuerst denen kündigen, die es leichter haben, einen neuen Job zu finden, und die sich womöglich auch einen Moment lang ohne Job über Wasser halten können. Dabei muss er folgende Kriterien berücksichtigen: Betriebszugehörigkeit, Alter, Unterhaltspflichten und eine mögliche Schwerbehinderung.

Am sichersten ist Ihr Arbeitsplatz also, wenn Sie 61 Jahre alt und schwerbehindert sind, gerade Vierlinge bekommen haben – und seit 40 Jahren in dem Betrieb arbeiten. Je weiter Sie sich davon entfernen, desto kritischer kann es für Sie werden. Gibt es aber – wie in unserem Fall – Kollegen, die jünger sind, keine Kinder haben und kürzer im Betrieb arbeiten, müssen die zuerst gehen.

Ihre Kündigung ist im Ausgangsfall daher ungültig.

»Ungültig« heißt aber nicht, dass Sie die Kündigung einfach ignorieren können. Wehren Sie sich nicht innerhalb von drei Wochen beim Arbeitsgericht, gilt die »ungültige« Kündigung doch – Sie können dann nichts mehr dagegen unternehmen. Damit will der Gesetzgeber verhindern, dass Sie erst noch zehn Jahre lang jeden Tag zur Arbeit erscheinen und darüber diskutieren, ob Sie offiziell noch in der Abteilung sind oder nicht.

Gibt es einen Betriebsrat, können Sie dort innerhalb einer Woche Einspruch gegen die Kündigung einlegen – hält auch der Betriebsrat die Kündigung für ungültig, soll er vermitteln. Hat das keinen Erfolg, dürfen Sie trotzdem nicht versäumen, innerhalb der drei Wochen zu klagen. Sonst sind Sie raus.

Ihr Arbeitgeber kann Ihnen bei der betriebsbedingten Kündigung auch eine Abfindung anbieten, und zwar ein halbes Monatsgehalt für jedes Jahr, das Sie in dem Betrieb malocht haben. Diese Abfindung können Sie verlangen, wenn in der Kündigung steht, dass sie betriebsbedingt ist *und* dass Sie eine Abfindung bekommen, wenn Sie nicht klagen.

Aber auch vor Gericht können Sie womöglich eine Abfindung herausschlagen: Wenn sich die Kündigung zwar als ungültig erweist, Sie aber mit Ihrem Arbeitgeber so zerstritten sind, dass man Ihnen nicht zumuten kann, dort weiter zu arbeiten. Außerdem kommt es vor dem Arbeitsgericht oft zu einem Vergleich.

Ergebnis im Ausgangsfall also: Die Kündigung ist ungültig, und Sie sollten innerhalb von drei Wochen Kündigungsschutzklage beim Arbeitsgericht erheben.

Wie sieht es in Abwandlung 1 aus?

Einen Kranken rauszuwerfen klingt mies. Und natürlich darf Ihnen auch niemand nur deswegen kündigen, weil Sie mal krank sind.

Steht allerdings fest, dass Sie auf unabsehbare Zeit Ihre Aufgaben im Betrieb nicht mehr richtig erledigen können, kann das ein personenbedingter Kündigungsgrund sein. Das ist ein Grund, für den der Arbeitnehmer nichts kann – aber trotzdem hinausgeworfen werden kann. Kann Ihr Arbeitgeber Sie auch auf einem anderen Platz nicht mehr sinnvoll einsetzen, darf er sich von Ihnen trennen.

Das ist hart, denn mit einer chronischen Krankheit werden Sie nur schwer einen anderen Job finden. Zwar hat ein Arbeitgeber auch soziale Verpflichtungen, doch der Gesetzgeber verlangt von ihm nicht, jemanden weiterzubeschäftigen, der auf Dauer nicht mehr bei ihm arbeiten kann. Womöglich springt aber die Rentenversicherung ein, wenn Ihre Erwerbsfähigkeit gemindert ist.

In Abwandlung 1 ist die Kündigung also leider gültig.

In Abwandlung 2 haben Sie sich durchaus etwas zuschulden kommen lassen: Sie waren unpünktlich.

Darin kann ein verhaltensbedingter Kündigungsgrund liegen. Er kann bestehen, wenn der Arbeitnehmer gegen seine Pflichten verstößt, also blaumacht, eigenmächtig in Urlaub fährt, Gruppensexpartys im Kopierraum veranstaltet und so weiter.

Allerdings ist die verhaltensbedingte Kündigung keine Strafe. Sie soll nur verhindern, dass Ihr Arbeitgeber dadurch geschädigt wird, dass Sie sich weiterhin so verhalten. Deshalb muss er Sie zuerst abmahnen. Nur wenn Sie dann uneinsichtig sind und die gleiche Sache noch mal machen, kann er Ihnen kündigen.

Ausnahmsweise kann er nur bei ganz schweren Verstößen sofort ohne Abmahnung kündigen: Räumen Sie den Safe aus, braucht er Sie nicht erst abzumahnen und es darauf ankommen zu lassen, dass Sie es ein zweites Mal tun.

Geht es aber nur darum, dass Sie hin und wieder zu spät kommen, haben Sie eine zweite Chance verdient. Ihr Arbeitgeber hätte Sie also erst abmahnen müssen.

In Abwandlung 2 ist die Kündigung daher ungültig, und Sie sollten sich innerhalb der drei Wochen beim Arbeitsgericht dagegen wehren.

Neben dem allgemeinen Kündigungsschutz aus dem Kündigungsschutzgesetz gibt es noch einen besonderen Kündigungsschutz für bestimmte Personen.

So darf schwerbehinderten Menschen nur mit behördlicher Zustimmung gekündigt werden. Ordentlich darf normalerweise unter anderem nicht gekündigt werden: Auszubildenden nach Ende der Probezeit, Eltern in der Elternzeit, Betriebs- und Personalratsmitgliedern, Schwerbehindertenvertretern, Datenschutzbeauftragten und Gleichstellungsbeauftragten.

Und eben: Schwangeren, auch wenn sie gar nicht mehr schwanger sind, nämlich noch bis zu vier Monate nach der Entbindung.

Das gilt auf jeden Fall, wenn Ihr Arbeitgeber wusste, dass Sie schwanger sind. Wusste er es nicht, sind Sie es aber, können Sie ihm das noch innerhalb von zwei Wochen nach der Kündigung mitteilen – auch dann wird die Kündigung unzulässig. Sie können ihn sogar noch später als zwei Wochen nach der Kündigung informieren, sofern Sie vorher selbst nicht wussten, dass Sie schwanger sind. Sobald Sie es erfahren, müssen Sie aber mit der Sprache rausrücken.

Bei der Zusatzfrage können Sie Ihrem Arbeitgeber also

tatsächlich noch einen Strich durch die Rechnung machen: Sagen Sie ihm einfach, dass Sie schwanger sind.

Übrigens gilt für jede Kündigung: Gibt es einen Betriebsrat, muss der vorher angehört werden – sonst ist die Kündigung automatisch ungültig.

Und kündigen kann man immer nur schriftlich, nie mündlich oder per E-Mail. Schreit Ihnen Ihre Chefin also auf dem Flur nach: »Du bist gekündigt!«, dürfen Sie weiterhin kommen. Das Gleiche gilt, wenn Sie Ihrem Chef angeheitert aus der Kneipe mailen: »Ich kündige!«

Darauf berufen Sie sich:

§ 623 Bürgerliches Gesetzbuch (BGB): Schriftform der Kündigung
Die Beendigung von Arbeitsverhältnissen durch Kündigung oder Auflösungsvertrag bedürfen zu ihrer Wirksamkeit der Schriftform […].

§ 102 Betriebsverfassungsgesetz (BetrVG): Mitbestimmung bei Kündigungen
(1) Der Betriebsrat ist vor jeder Kündigung zu hören. Der Arbeitgeber hat ihm die Gründe für die Kündigung mitzuteilen. Eine ohne Anhörung des Betriebsrats ausgesprochene Kündigung ist unwirksam. […]

§ 1 Kündigungsschutzgesetz (KSchG): Sozial ungerechtfertigte Kündigungen
(1) Die Kündigung des Arbeitsverhältnisses gegenüber einem Arbeitnehmer, dessen Arbeitsverhältnis in demselben Betrieb oder Unternehmen ohne Unterbrechung länger als sechs Monate bestanden hat, ist rechtsunwirksam, wenn sie sozial ungerechtfertigt ist.
(2) Sozial ungerechtfertigt ist die Kündigung, wenn sie nicht durch Gründe, die in der Person oder in dem Verhalten des Arbeitnehmers liegen, oder durch dringende betriebliche Erfordernisse, die einer Weiterbeschäftigung des Arbeitnehmers in diesem Betrieb entgegenstehen, bedingt ist. […]
(3) Ist einem Arbeitnehmer aus dringenden betrieblichen Erfordernissen im Sinne des Absatzes 2 gekündigt worden, so ist die Kündigung trotzdem sozial

ungerechtfertigt, wenn der Arbeitgeber bei der Auswahl des Arbeitnehmers die Dauer der Betriebszugehörigkeit, das Lebensalter, die Unterhaltspflichten und die Schwerbehinderung des Arbeitnehmers nicht oder nicht ausreichend berücksichtigt hat; auf Verlangen des Arbeitnehmers hat der Arbeitgeber dem Arbeitnehmer die Gründe anzugeben, die zu der getroffenen sozialen Auswahl geführt haben. [...]

§ 1a KSchG: Abfindungsanspruch bei betriebsbedingter Kündigung
(1) Kündigt der Arbeitgeber wegen dringender betrieblicher Erfordernisse nach § 1 Abs. 2 Satz 1 und erhebt der Arbeitnehmer bis zum Ablauf der Frist des § 4 Satz 1 keine Klage auf Feststellung, dass das Arbeitsverhältnis durch die Kündigung nicht aufgelöst ist, hat der Arbeitnehmer mit dem Ablauf der Kündigungsfrist Anspruch auf eine Abfindung. Der Anspruch setzt den Hinweis des Arbeitgebers in der Kündigungserklärung voraus, dass die Kündigung auf dringende betriebliche Erfordernisse gestützt ist und der Arbeitnehmer bei Verstreichenlassen der Klagefrist die Abfindung beanspruchen kann.
(2) Die Höhe der Abfindung beträgt 0,5 Monatsverdienste für jedes Jahr des Bestehens des Arbeitsverhältnisses. [...] Bei der Ermittlung der Dauer des Arbeitsverhältnisses ist ein Zeitraum von mehr als sechs Monaten auf ein volles Jahr aufzurunden.

§ 9 Gesetz zum Schutz der erwerbstätigen Mutter (MuSchG): Kündigungsverbot
(1) Die Kündigung gegenüber einer Frau während der Schwangerschaft und bis zum Ablauf von vier Monaten nach der Entbindung ist unzulässig, wenn dem Arbeitgeber zur Zeit der Kündigung die Schwangerschaft oder Entbindung bekannt war oder innerhalb zweier Wochen nach Zugang der Kündigung mitgeteilt wird; das Überschreiten dieser Frist ist unschädlich, wenn es auf einem von der Frau nicht zu vertretenden Grund beruht und die Mitteilung unverzüglich nachgeholt wird. [...]

§ 4 KSchG: Anrufung des Arbeitsgerichts
Will ein Arbeitnehmer geltend machen, dass eine Kündigung sozial ungerechtfertigt oder aus anderen Gründen rechtsunwirksam ist, so muss er innerhalb von drei Wochen nach Zugang der schriftlichen Kündigung Klage beim Arbeitsgericht auf Feststellung erheben, dass das Arbeitsverhältnis durch die Kündigung nicht aufgelöst ist. [...]

Wehren Sie sich gegen Behörden

Der Verwaltungsakt

Sie gehören zu den wenigen Menschen, die weder Fernsehgerät noch Radio besitzen. Jahrelang haben Sie sich erfolgreich dagegen gewehrt, Geld für öffentlich-rechtliche Sender zu zahlen. Den GEZ-Mitarbeitern haben Sie nie die Tür aufgemacht und alle freundlichen Angebote, »Ihnen bei der Anmeldung Ihrer Geräte behilflich zu sein«, ignoriert. Anfragen und Rechnungen des neuen »Beitragsservice« haben Sie in die »Ablage Papierkorb« gelegt.

Jetzt haben Sie plötzlich einen »Beitragsbescheid« bekommen – und sollen für die letzten sechs Monate 143,82 Euro nachzahlen: 107,88 Euro für Ihre Wohnung und 35,94 Euro für Ihr Auto. Das nutzen Sie, um zu Ihrer Arbeit bei einer Bank zu fahren. Der Brief enthält eine »Rechtsbehelfsbelehrung« und ist am 9.1.2015 von der Post abgestempelt.

Was können Sie tun, wenn heute der 10. Februar 2015 ist?

Kommt ein Bescheid, wird es ernst, und Sie sollten handeln. Das kennen Sie bereits vom Mahnbescheid und vom Bußgeldbescheid. Unser Beitragsbescheid gehört zu einer anderen Art Bescheid, kann aber ähnliche Folgen haben. Er ist ein »Verwaltungsakt«.

Etwas boshaft könnte man das so verstehen, dass die Verwaltung gleich einen Akt daraus macht, wenn sie mal was tut. In Wahrheit spielt sie ihre Macht aus. Sie befindet sich nämlich nicht auf Augenhöhe mit uns Bürgern, sondern steht zu uns in einem »Über-Unterordnungs-Verhältnis«, wie Juristen das ganz ungeschminkt nennen. Und dreimal dürfen Sie raten, wer hier übergeordnet ist und wer untergeordnet.

Ein Verwaltungsakt liegt vor, wenn die öffentliche Verwaltung gegenüber einem Bürger etwas verbindlich entscheidet. Er kann für Sie nicht nur negativ (»belastend«), sondern auch positiv (»begünstigend«) sein. Beispiele für begünstigende Verwaltungsakte sind Baugenehmigung, Kfz-Zulassung und Rentenbescheid. Belastende Verwaltungsakte sind etwa die *Ablehnung* eines Bauantrags, ein Renten*beitrags*bescheid und die Anordnung, Ihre einsturzgefährdete Garage abzureißen. Oder eben ein Beitrags- oder Gebührenbescheid.

Verwaltungsakte können erstaunlich formlos daherkommen: Hebt ein Polizist die Hand und winkt Sie aus dem Verkehr, liegt darin ein Verwaltungsakt mit der Aussage: »Anhalten!« Auch ein Verkehrszeichen ist ein Verwaltungsakt.

Einen Verwaltungsakt kann jede Stelle der öffentlichen Verwaltung erlassen. Das sind die klassischen Behörden, etwa die Stadtverwaltung mit all ihren Bereichen wie Ordnungsamt, Stadtbibliothek, Bauamt und so weiter. Aber auch die öffentlich-rechtlichen Sender gehören als »Anstalten des öffentlichen Rechts« dazu. Und die handeln beim Rundfunkbeitrag über den »Beitragsservice«.

Allerdings ist nicht alles, was von der Verwaltung kommt, gleich ein Verwaltungsakt. Bekommen Sie vom »Beitragsservice« oder der Stadtbibliothek eine normale Rechnung oder einen ausgefüllten Überweisungsträger, kann man das auch rechtlich wie eine normale Rechnung eines privaten Unternehmens behandeln.

Der Unterschied ist wichtig, weil der Verwaltungsakt eine besondere Fähigkeit hat: Er kann »bestandskräftig« werden. Das bedeutet: Selbst wenn er inhaltlich nicht in Ordnung ist, gilt er – wenn Sie sich nicht innerhalb einer bestimmten Zeit gegen ihn wehren. Das unterscheidet ihn von einer falschen

Rechnung eines Unternehmens, die auch dann falsch bleibt, wenn Sie ihr nicht sofort und hochoffiziell widersprechen.

Benutzt die Verwaltung selbst Begriffe wie »Bescheid«, »Anordnung« oder »Festsetzung«, deutet das darauf hin, dass sie Ihnen nicht auf Augenhöhe gegenübertritt, sondern als Obrigkeit handelt – also nicht fragen, informieren, bitten oder gar diskutieren will, sondern etwas verbindlich festsetzen. Auch eine »Rechtsbehelfsbelehrung« spricht für einen Verwaltungsakt.

Der Beitragsbescheid in unserem Fall ist also ein Verwaltungsakt.

Wie wehren Sie sich dagegen?

Sie können Widerspruch einlegen – schriftlich oder mündlich, bei der Behörde, die den Bescheid erlassen hat.

Dafür haben Sie einen Monat Zeit, also bis zum gleichen Datum des nächsten Monats. Zu laufen beginnt diese Frist frühestens am dritten Tag, nachdem der Bescheid verschickt wurde. Kam er in Wirklichkeit später an, gilt das spätere Datum. Und: Die Monatsfrist läuft nur, wenn Sie eine korrekte Rechtsbehelfsbelehrung bekommen. Hat die Behörde bei einem Verwaltungsakt die Rechtsbehelfsbelehrung vergessen, können Sie sich noch ein ganzes Jahr lang wehren.

In unserem Beispiel wurde der Bescheid am 9. Januar 2015 verschickt. Die Frist von einem Monat beginnt drei Tage später, am 12. Januar 2015, zu laufen. Sie endet also am 12. Februar 2015. Damit haben Sie noch zwei Tage Zeit, um Widerspruch einzulegen. Tun Sie das nicht, können Sie später nichts mehr gegen den Bescheid unternehmen.

Nach dem Widerspruch kann die Behörde ihre Fehler korrigieren – allerdings kann sie den Bescheid auch verschärfen, wenn sie einen Fehler zu Ihren Gunsten gemacht hat. Fällt ihr zum Beispiel auf, dass sie Ihnen zu wenig Geld für ARD und

ZDF berechnet hat, kann sie den Betrag anheben. Meint sie, dass sie alles richtig gemacht hat, gibt sie den Widerspruch an die nächsthöhere Behörde. Erkennt die auch keine Fehler, weist sie Ihren Widerspruch in einem »Widerspruchsbescheid« zurück. Das tut sie leider nicht kostenlos: Sie nimmt sich die Freiheit, eine Gebühr dafür zu berechnen, dass sie Ihren Widerspruch bearbeitet hat.

Erst gegen diesen Widerspruchsbescheid können Sie beim Verwaltungsgericht klagen. Dafür haben Sie wieder einen Monat Zeit. Nur in wenigen Ausnahmefällen gibt es kein Widerspruchsverfahren, und Sie können sofort klagen – das steht dann so in der Rechtsbehelfsbelehrung.

Erfolg haben Sie mit Widerspruch oder Klage, wenn der Bescheid rechtlich nicht in Ordnung ist. Das kann aus unterschiedlichen Gründen so sein:

Er muss zunächst von der zuständigen Behörde stammen: Das Bundesamt für Migration und Flüchtlinge darf Ihnen keinen Bescheid über den Rundfunkbeitrag schicken – und Claus Kleber vom ZDF darf nicht über einen Asylantrag entscheiden. In unserem Fall kommt der Bescheid vom »Beitragsservice«, einem gemeinsamen Büro der öffentlich-rechtlichen Sender – und die sind dafür zuständig, den Rundfunkbeitrag zu erheben. Der Bescheid muss allerdings klarmachen, von welchem Sender (zum Beispiel WDR) er kommt.

Weiterhin muss die Behörde vor einem belastenden Verwaltungsakt den Bürger »anhören«, ihm also Gelegenheit geben, sich zu äußern. Und ein schriftlicher Verwaltungsakt muss eine Begründung enthalten, die nicht nur aus Paragrafen oder allgemeinen Textbausteinen besteht. Beides darf die Behörde allerdings auch nachholen, sogar noch vor Gericht.

In unserem Fall hat sie an beides gedacht: Der »Beitragsservice« hat Sie vorher angeschrieben und um Informationen ge-

beten – Ihnen also Gelegenheit gegeben, sich zu äußern. Auch sagt der Bescheid, dass der Beitrag für Ihre Wohnung und Ihr Auto berechnet wird; das reicht formell als Begründung aus.

Der Bescheid muss aber auch »materiell« rechtmäßig sein: Es muss für ihn eine gesetzliche Grundlage geben, und die Behörde muss sich daran gehalten haben. Auch wenn das Gesetz der Behörde Ermessen einräumt, meist durch Wörter wie »kann«, »soll« oder »darf«, kann sie nicht einfach nach Belieben entscheiden, sondern ihre Überlegungen müssen sachlich und nachvollziehbar sein.

In unserem Beispiel brauchen wir also ein Gesetz, nach dem Sie für Ihre Wohnung und für Ihr Auto Rundfunkbeitrag zahlen müssen.

Das entsprechende Gesetz ist nicht beliebt – existiert aber. Darin steht, dass für jede Wohnung ein Rundfunkbeitrag von 17,98 Euro im Monat zu zahlen ist. Wohnen mehrere Personen in der Wohnung, reicht es, wenn einer zahlt.

Dieses Gesetz lässt kein Ermessen zu. Ob sich in Wohnung oder Auto ein Radio, Fernseher, PC oder sonst was befindet, ist egal. Der Gesetzgeber meint: Der öffentlich-rechtliche Rundfunk ist wichtig für eine demokratische Gesellschaft, daher sollen ihn auch alle Mitglieder der Gesellschaft finanzieren, selbst wenn sie ihn nicht nutzen. Diese Sicht teilen die Gerichte bisher. Es wird Ihnen also wohl nichts bringen, sich mit dem Argument zu wehren, dass Sie weder fernsehen noch Radio hören.

Der Beitrag für Ihre Wohnung geht daher in Ordnung.

Wie sieht es mit dem Geld für Ihr Auto aus? Für ein Kraftfahrzeug fallen pro Monat 5,99 Euro an – aber nur, wenn Sie es nicht ausschließlich privat nutzen. Das ist zum Beispiel der Fall, wenn Sie selbständige Versicherungsmaklerin sind und hin und wieder Kunden mit Ihrem Auto besuchen. Auch wenn Sie Ihr Auto für einen gemeinnützigen Verein nutzen, hält der »Beitragsservice« die Hand auf. Zahlen Sie schon einen Extrabeitrag für ein eigenes Büro, ist darin aber ein Auto inklusive. Sind Sie angestellt und fahren mit dem Auto zur Arbeit, ist das nur eine private Nutzung. In unserem Fall müssen Sie daher nichts für Ihr Auto zahlen.

Der Beitrag für Ihr Auto ist also nicht in Ordnung! Sie sollten daher schnell handeln und gegen die 35,94 Euro Widerspruch einlegen. Ein Widerspruch kann sich auch nur gegen einen Teil des Bescheids richten.

Den Beitrag für die Wohnung müssen Sie zahlen – und bevor Sie dagegen »nach Karlsruhe« gehen, sollten Sie unbedingt noch das letzte Kapitel lesen.

Darauf berufen Sie sich:

§ 35 Verwaltungsverfahrensgesetz (VwVfG): Begriff des Verwaltungsaktes
Verwaltungsakt ist jede Verfügung, Entscheidung oder andere hoheitliche Maßnahme, die eine Behörde zur Regelung eines Einzelfalls auf dem Gebiet des öffentlichen Rechts trifft und die auf unmittelbare Rechtswirkung nach außen gerichtet ist. [...]

§ 70 Verwaltungsgerichtsordnung (VwGO): Widerspruch
(1) Der Widerspruch ist innerhalb eines Monats, nachdem der Verwaltungsakt dem Beschwerten bekanntgegeben worden ist, schriftlich oder zur Niederschrift bei der Behörde zu erheben, die den Verwaltungsakt erlassen hat. Die Frist wird auch durch Einlegung bei der Behörde, die den Widerspruchsbescheid erlassen hat, gewahrt. [...]

§ 74 VwGO: Anfechtungsklage
(1) Die Anfechtungsklage muss innerhalb eines Monats nach Zustellung des Widerspruchsbescheids erhoben werden. [...]

§ 2 Rundfunkbeitragsstaatsvertrag (RBStV): Rundfunkbeitrag im privaten Bereich

(1) Im privaten Bereich ist für jede Wohnung von deren Inhaber (Beitragsschuldner) ein Rundfunkbeitrag zu entrichten. [...]

§ 5 RBStV: Rundfunkbeitrag im nicht privaten Bereich

[...] (2) Unbeschadet der Beitragspflicht für Betriebsstätten nach Absatz 1 ist jeweils ein Drittel des Rundfunkbeitrags zu entrichten vom [...]

2. Inhaber eines Kraftfahrzeugs (Beitragsschuldner) für jedes zugelassene Kraftfahrzeug, das zu gewerblichen Zwecken oder einer anderen selbständigen Erwerbstätigkeit oder zu gemeinnützigen oder öffentlichen Zwecken des Inhabers genutzt wird; auf den Umfang der Nutzung zu diesem Zweck kommt es nicht an [...].

Ein Rundfunkbeitrag nach Satz 1 Nr. 2 ist nicht zu entrichten für jeweils ein Kraftfahrzeug für jede beitragspflichtige Betriebsstätte des Inhabers.

Gehen Sie »nach Karlsruhe«

Die Verfassungsbeschwerde

Sie sitzen mit Ihrem Kumpel in der Kneipe. Er ist begeisterter Radfahrer, und das Gespräch kommt auf eine Helmpflicht für Fahrradfahrer, die gerade mal wieder öffentlich diskutiert wird. Ihr Kumpel liebt seine Freiheit und auch »das Gefühl der Wagnis«. Vom Staat will er sich »nicht bevormunden lassen«. Feierlich verspricht er Ihnen und dem Rest des Lokals: »Wenn so ein Gesetz kommt, geh ich nach Karlsruhe!«
Was sagen Sie dazu?

Was, wenn diejenigen, die ohne Helm fahren, auch ein Bußgeld zahlen sollen?

Wenn wir Normalsterblichen an, vor oder unter dem Stammtisch davon sprechen, »nach Karlsruhe« zu gehen, meinen wir meist die Verfassungsbeschwerde beim Bundesverfassungsgericht.

Die Verfassungsbeschwerde kann »jedermann« erheben – so sagt es das Grundgesetz. Man braucht dafür keinen Anwalt, und es fallen keine Gerichtskosten an.

Dafür braucht das Gericht die Verfassungsbeschwerde nicht anzunehmen, wenn sie ihm unberechtigt oder unbedeutend erscheint. Wer sich gar zu naiv dorthin wendet, riskiert sogar eine Missbrauchsgebühr von bis zu 2600 Euro.

Auch sonst kann man schnell wieder unsanft verabschiedet werden aus Karlsruhe, wenn man nicht noch ein paar weitere Voraussetzungen erfüllt, außer »jedermann« zu sein:

Mit einer Verfassungsbeschwerde müssen Sie darlegen,

»durch die öffentliche Gewalt« in Ihren Grundrechten verletzt zu sein. Zur öffentlichen Gewalt gehören Behörden, Gerichte und Gesetzgeber. Denn die Grundrechte verpflichten den Staat – Ihr Nachbar kann nur gegen Ihre Grundrechte verstoßen, wenn Sie neben einem Ministerium wohnen. Das Gesetz, um das es in unserem Beispielfall geht, ist ein solcher Akt der öffentlichen Gewalt.

Die Grundrechte finden wir am Anfang des Grundgesetzes. Über allem, in Artikel 1, steht die Würde des Menschen. Sie darf unter keinen Umständen verletzt werden. Deshalb muss der Staat zum Beispiel dafür sorgen, dass jeder Mensch ein Existenzminimum hat.

Welche Grundrechte kennen Sie noch? Überlegen Sie einmal und gleichen sie mit der Liste ab:

Artikel 1	Menschenwürde
Artikel 2	Recht auf Leben, körperliche Unversehrtheit und Freiheit, allgemeine Handlungsfreiheit
Artikel 3	Recht auf Gleichbehandlung und Gleichberechtigung
Artikel 4	Glaubens-, Gewissens- und Religionsfreiheit
Artikel 5	Meinungs- und Informationsfreiheit, Freiheit von Presse, Rundfunk, Kunst und Wissenschaft
Artikel 6	Schutz von Ehe, Familie und Kindern
Artikel 7	Recht, über die Teilnahme am Religionsunterricht zu bestimmen, Recht auf Privatschulen
Artikel 8	Versammlungsfreiheit
Artikel 9	Vereinigungsfreiheit, also das Recht, Vereine und Gesellschaften zu bilden

Artikel 10	Brief-, Post- und Fernmeldegeheimnis
Artikel 11	Freizügigkeit (hat nichts mit dem Kleidungsstil zu tun, sondern bedeutet, dass ich mich überall im Land aufhalten darf)
Artikel 12	Ausbildungs- und Berufsfreiheit
Artikel 13	Unverletzlichkeit der Wohnung
Artikel 14/15	Eigentumsfreiheit und Sozialbindung des Eigentums
Artikel 16	Recht gegen Ausbürgerung und Auslieferung
Artikel 16a	Recht auf Asyl
Artikel 17	Petitionsrecht
Artikel 19	Recht auf effektiven Rechtsschutz

Das ist der offizielle Katalog. Woanders sind noch ein paar Rechte versteckt, die man ebenfalls mit der Verfassungsbeschwerde durchsetzen kann. Sie betreffen vor allem die Stellung im Strafverfahren und sorgen zum Beispiel dafür, dass Sie nicht einfach so ins Gefängnis gesteckt oder gar gefoltert werden dürfen.

In welchem Grundrecht könnte Ihr Kumpel verletzt sein? Die Glaubensfreiheit ist es ja jedenfalls nicht, auch wenn er sehr stark glauben mag, dass eine Helmpflicht unsinnig ist. Auch die meisten anderen Rechte passen eher nicht.

Finden wir kein spezielles Grundrecht, kann immer die allgemeine Handlungsfreiheit aus Artikel 2 verletzt sein. Sie besagt: Jeder darf tun und lassen, was er will. Der Staat darf diese Freiheit nur unter bestimmten Voraussetzungen einschränken.

So beeinträchtigt etwa der Beitragsbescheid aus dem letzten Kapitel Ihre allgemeine Handlungsfreiheit, denn lieber würden Sie nichts zahlen. Ähnlich ist es, wenn Sie einen Fahrradhelm tragen müssen.

Nun hat das Bundesverfassungsgericht viel zu tun. Es soll daher nur solche Fälle entscheiden, in denen jemand ganz konkret in einem Grundrecht verletzt ist und sich nicht anders helfen kann – aber keine allgemeinen oder gar hypothetischen Fragen. Die Verfassungsbeschwerde ist keine »Popularklage«, mit der sich jeder gegen Ungerechtigkeiten wehren kann, die ihn selbst gar nicht betreffen. Wenn Sie beim Bundesverfassungsgericht aufschlagen, müssen Sie also ein echtes eigenes Problem haben *und* bereits alle anderen Möglichkeiten ausgeschöpft haben, dieses Problem zu beheben.

Machen wir es konkret. Für Ihren Kumpel bedeutet das: Erst einmal muss er ohne Helm durch die Gegend radeln und schauen, was überhaupt passiert. Hält ihn die Polizei nie an und fordert ihn dazu auf, den Helm zu tragen, dann hat er gar kein echtes Problem. Für die Richter in Karlsruhe besteht dann kein Grund, darüber nachzugrübeln, ob das Gesetz ihn theoretisch, auf dem Papier, benachteiligt. So nimmt das Bundesverfassungsgericht zum Beispiel gegen den Rundfunkbeitrag keine Verfassungsbeschwerde von Leuten an, die noch gar keinen Beitragsbescheid bekommen haben.

Fordert die Polizei Ihren Kumpel auf, den Helm zu tragen, liegt darin, wie Sie aus dem vorherigen Kapitel wissen, ein »Verwaltungsakt«. Selbst mit dem würde sich das Bundesverfassungsgericht nicht beschäftigen. Denn wären *Sie* gern Verfassungsrichter, wenn jeder mit seinem Bescheid direkt zu Ihnen kommen könnte? Auch die Verfassungsrichter wollen Work-Life-Balance. Wie Sie aus dem letzten Kapitel wissen, können Sie einem Verwaltungsakt widersprechen und gegen ihn vor dem Verwaltungsgericht klagen. Das müsste Ihr Kumpel zunächst tun, und zwar bis zur letzten Instanz. Erst wenn er dort verliert, kann er zum Bundesverfassungsgericht gehen – innerhalb eines Monats.

Dabei muss ein »Beschwerdeführer« geltend machen, dass das letzte Gericht nicht ein x-beliebiges Gesetz falsch angewendet hat, sondern gerade seine Grundrechte. Sonst käme jeder, der mal einen Prozess verloren hat, zum Bundesverfassungsgericht – denken Sie nur wieder an die Work-Life-Balance in Karlsruhe. Das Bundesverfassungsgericht ist kein genereller Aufpasser für die anderen Gerichte. Es achtet nur darauf, dass das Grundgesetz eingehalten wird.

Verlieren Sie also einen Mietprozess, weil das Gericht einfaches Mietrecht aus dem BGB falsch anwendet, ist das doof, aber nichts fürs Bundesverfassungsgericht. Anders ist es, wenn ein Gericht bei der Klage Ihres Kumpels gegen die Helmpflicht dessen allgemeine Handlungsfreiheit falsch beurteilt.

Im Ausgangsfall sollten Sie Ihrem Kumpel also abraten: Legt er direkt gegen das Gesetz Verfassungsbeschwerde ein, wird das Bundesverfassungsgericht ihn abblitzen lassen.

Nun zur Abwandlung: Macht es einen Unterschied, wenn der Gesetzgeber die Helmpflicht mit einem Bußgeld verbindet? Nach dem, was wir bisher gesagt haben, müsste sich Ihr Kumpel erst ein Bußgeld einfangen und dagegen durch alle Instanzen ziehen.

Spitzen wir die Frage mit einem anderen Beispiel zu: Manche Menschen halten die lebenslange Freiheitsstrafe für Mord für verfassungswidrig – müssen sie erst jemanden ermorden und sich verurteilen lassen, um Verfassungsbeschwerde erheben zu können? Das kann natürlich nicht sein.

Ein Gesetz über eine Straftat oder Ordnungswidrigkeit kann man daher ausnahmsweise direkt mit der Verfassungsbeschwerde angreifen. Denn keiner soll erst eine Straftat oder Ordnungswidrigkeit begehen müssen, um seine Grundrechte zu verteidigen.

In der Abwandlung könnte Ihr Kumpel also direkt gegen das Gesetz »nach Karlsruhe« gehen. Dafür hätte er ein Jahr Zeit, nachdem das Gesetz in Kraft tritt.

Erfolg hat er damit aber nur, wenn die Helmpflicht ihn wirklich *unzulässig* in seinen Grundrechten einschränkt.

Es ist nämlich nicht so, dass Grundrechte nie eingeschränkt werden dürften. Außer der Menschenwürde haben alle Grundrechte »Schranken«. Sehr vereinfacht ausgedrückt funktioniert das Prinzip so: Für einen anderen Wert, der mindestens genauso wichtig ist, kann der Staat ein Grundrecht einschränken. So ist etwa die *Bewegungs*freiheit ein hohes Gut und darf durch Untersuchungshaft nur unter sehr strengen Voraussetzungen eingeschränkt werden: dringender Tatverdacht, Flucht(gefahr) oder Verdunkelungsgefahr und gerichtliche Anordnung.

Die bloße *Handlungs*freiheit hingegen ist nicht so wertvoll, sie ist ja schon betroffen, wenn jemand nur etwas lästig findet. Praktisch jedes Gesetz schränkt die Handlungsfreiheit ein – allein das macht es noch nicht verfassungswidrig.

Die allgemeine Handlungsfreiheit darf nämlich schon dann eingeschränkt werden, wenn das für ein anderes Gemeinwohlinteresse »geeignet, erforderlich und angemessen« ist. So haben zum Beispiel Landesverfassungsgerichte entschieden: Der Rundfunkbeitrag aus dem letzten Kapitel ist zwar lästig – aber nicht *so* lästig, dass er sich nicht mit dem Ziel rechtfertigen ließe, einen öffentlich-rechtlichen Rundfunk zu haben.

Welches Gemeinwohlinteresse könnte eine Helmpflicht verfolgen? Weniger Schwerverletzte, das Gesundheitssystem spart Geld, und die Unfallstelle kann schneller geräumt und gesichert werden, wenn der Radfahrer nicht das Bewusstsein verliert.

Ein Helm ist dazu geeignet, diese Ziele zu erreichen.

Erforderlich bedeutet: Es gibt kein milderes Mittel, das die *gleiche* Wirkung hat. Und bisher ist noch niemandem etwas eingefallen, das den Kopf so sehr schützt *wie* ein Helm und weniger lästig ist *als* ein Helm.

Angemessen heißt schließlich, dass die Maßnahme verhältnismäßig ist und nicht mit Kanonen auf Spatzen schießt: So wäre auch ein Helm für Fußgänger geeignet und erforderlich im genannten Sinn, um schwere Verletzungen zu verhindern. Dürften aber alle Menschen *nur* noch mit Helm aus dem Haus, wäre das eine so starke Einschränkung unserer Handlungsfreiheit, dass sie nicht mehr im Verhältnis stünde zu dem Schutz, den wir damit erreichen.

Wäre demnach eine Helmpflicht für Radfahrer verhältnismäßig?

Bei der Helmpflicht für *Motorrad*fahrer hat das Bundesverfassungsgericht (ebenso wie bei der Gurtpflicht für Autofahrer) entschieden: Die Belästigung ist nicht so schlimm, dass der zusätzliche Schutz sie nicht rechtfertigt.

Fahrradfahrer stehen nun irgendwo zwischen Motorradfahrern und Fußgängern. Ihr Kumpel könnte argumentieren, dass das Verletzungsrisiko nicht so hoch ist wie auf dem Motorrad. Einfach wird das nicht – aber vielleicht schreibt er am Ende Rechtsgeschichte. Erklären Sie ihm das ruhig ausführlich in der Kneipe.

Sie haben schon gemerkt: Das juristische Hochreck haben wir uns für den Schluss aufgehoben. Die Grundrechte sind ein kompliziertes System, bei dem vieles bedacht und miteinander abgewogen werden muss. Doch am Ende dieses Buchs wollte ich Ihnen auch darin einen Einblick geben.

Auch wenn Sie nicht mit einer Verfassungsbeschwerde liebäugeln, hilft Ihnen dieses Kapitel vielleicht dabei, differenziert über rechtspolitische Fragen nachzudenken und mitzureden. Wettert in Zukunft jemand: »Das schränkt meine persönliche Freiheit ein«, können Sie ansetzen zu einer kleinen Erläuterung der Grundrechte und wie sie wirken.

Und worauf man »in Karlsruhe« so schaut.

Darauf berufen Sie sich:

Art. 93 Grundgesetz (GG): Zuständigkeit des Bundesverfassungsgerichts
(1) Das Bundesverfassungsgericht entscheidet:
[…] 4a. über Verfassungsbeschwerden, die von jedermann mit der Behauptung erhoben werden können, durch die öffentliche Gewalt in einem seiner Grundrechte oder in einem seiner in Artikel 20 Abs. 4, 33, 38, 101, 103 und 104 enthaltenen Rechte verletzt zu sein. […]

§ 90 Bundesverfassungsgerichtsgesetz (BVerfGG): Verfassungsbeschwerde
[…] (2) Ist gegen die Verletzung der Rechtsweg zulässig, so kann die Verfassungsbeschwerde erst nach Erschöpfung des Rechtswegs erhoben werden. Das Bundesverfassungsgericht kann jedoch über eine vor Erschöpfung des Rechtswegs eingelegte Verfassungsbeschwerde sofort entscheiden, wenn sie von allgemeiner Bedeutung ist oder wenn dem Beschwerdeführer ein schwerer und unabwendbarer Nachteil entstünde, falls er zunächst auf den Rechtsweg verwiesen würde. […]

§ 93 BVerfGG: Frist für Verfassungsbeschwerde
(1) Die Verfassungsbeschwerde ist binnen eines Monats zu erheben und zu begründen. […]
(3) Richtet sich die Verfassungsbeschwerde gegen ein Gesetz oder gegen

einen sonstigen Hoheitsakt, gegen den ein Rechtsweg nicht offensteht, so kann die Verfassungsbeschwerde nur binnen eines Jahres seit dem Inkrafttreten des Gesetzes oder dem Erlass des Hoheitsaktes erhoben werden. [...]

§ 34 BVerfGG: Kosten und Missbrauchsgebühr
(1) Das Verfahren des Bundesverfassungsgerichts ist kostenfrei.
(2) Das Bundesverfassungsgericht kann eine Gebühr bis zu 2600 Euro auferlegen, wenn die Einlegung der Verfassungsbeschwerde [...] einen Missbrauch darstellt [...].

Holen Sie sich mehr

Die Veranstaltungen mit Volker Kitz

Sie wollen noch tiefer eintauchen in Ihr Recht im Alltag, gemeinsam mit anderen spannende Fälle lösen. Sie wollen sich nichts mehr gefallen lassen und fundierter mitreden.

Was können Sie tun?

Das ist Ihr gutes Recht:
- Erleben Sie Volker Kitz live bei einem seiner öffentlichen Auftritte. Lassen Sie sich anstecken von einer ganz besonderen Stimmung und kommen Sie mit dem Autor persönlich ins Gespräch.
- Gewinnen Sie Volker Kitz für eine Veranstaltung in Ihrem Unternehmen oder in Ihrer Organisation. Interaktiv und unterhaltsam erkundet Volker Kitz mit seinem Publikum die rechtlichen Fallstricke in Job und Privatleben – und bringt jeden Saal zum Lachen, Lernen und Lebennutzen.

Infos und Bewerbung unter **www.volkerkitz.com**